Bischof · Aktiv führen

Aktiv führen

Anweisen, überzeugen, beraten, delegieren

von

Dr. Klaus Bischof

WRS VERLAG WIRTSCHAFT, RECHT UND STEUERN

Die Deutsche Bibliothek – CIP-Einheitsaufnahme

Bischof, Klaus:
Aktiv führen : anweisen, überzeugen, beraten, delegieren / von Klaus Bischof. – Planegg : WRS, Verl. Wirtschaft, Recht und Steuern, 1995
(WRS-Betriebs-Praxis)
ISBN 3-8092-0983-X

ISBN 3-8092-0983-X Bestell-Nr. 01.54

Fachverlag
Postanschrift: Postfach 13 63, 82142 Planegg
Hausanschrift: Fraunhoferstraße 5, 82152 Planegg
Telefon (0 89) 8 95 17-0, Telefax (0 89) 8 95 17-2 50

Lektorat: Dipl.-Kfm. Richard Kastl, Freiburg i.Br.

Satz: Satz + Layout Peter Fruth GmbH, 81671 München
Druck: Schoder Druck GmbH & Co. KG, 86368 Gersthofen

Vorwort

Dies ist nicht „irgendein" Buch zum Thema „Führen". Der Autor erhebt den Anspruch, daß hier „Führen" mit Spaß erlebt werden kann. Es zeigt, wie Sie aktiv führen können, wenn Sie aktiv zu werden bereit sind. Es soll Ihre eigene Wahrnehmung über Sie selber als Vorgesetzte oder Vorgesetzter verfeinern und Ihren Blick für Ihre Mitarbeiterinnen und Mitarbeiter schärfen. Dieses Buch wird Ihnen Sicherheit in vielen Führungssituationen geben, wenn Sie bereit sind, kritisch mit sich selbst zu sein. Es nützt Ihnen, wenn Sie sich in einem dauernden Entwicklungsprozeß sehen und bereit sind, eine offene und kritische Auseinandersetzung mit sich einzugehen. Dieses Buch wird Ihnen wenig nützen, wenn Sie fertige Lösungen erwarten und nicht bereit sind, aktiv Verantwortung für sich und Ihre Mitarbeiter zu übernehmen.

Rheinfelden, im August 1994 *Dr. Klaus Bischof*

Inhaltsverzeichnis

Anhang

1 Einleitung

Warum noch ein Buch zum Thema „Führen“? Gibt es nicht schon genügend? Was soll eigentlich der Mehrwert eines neuen Buches sein? Diese Fragen möchte Ihnen der Autor zuerst beantworten. Das Vorliegende ist ein Arbeitsbuch, d.h., daß damit gearbeitet werden soll. Die einzelnen Kapitel werden Sie mit Checklisten und Aufgaben trainieren. Das wird Ihnen bei der Umsetzung der Ratschläge im Alltag helfen.

Dieses Buch ist der Mehrwert aus der Auseinandersetzung des Autors mit „Führen“ über viele Situationen hinweg: in direktem persönlichem Coaching, in Führungsseminaren, in Unternehmer- und Betriebsberatungen, in privaten Diskussionen. Diese Auseinandersetzungen hatten immer wieder ein Ergebnis: das Modell des aktiven Führens funktioniert, bringt tolle Entwicklungen mit sich und macht Spaß, weil das konsequente Auseinandersetzen immer wieder neue Entdeckungen ermöglicht, die, im nachhinein betrachtet, doch wieder einfach zu begründen sind. Aber wie bei vielen Erfahrungen gilt auch hier: Sie müssen selber gemacht werden, sonst sind sie nicht nachvollziehbar.

Leider hat der Begriff „Führen“ im Nachkriegsdeutschland einen unangenehmen Beigeschmack entwickelt. Noch immer will sich keiner gerne Führer nennen, Bergführer, Zugführer etc. einmal ausgenommen. Noch immer ist das Wort „Führer“, seit dem grauenhaften Mißbrauch während der Nazizeit, tabu. Das ist zu bedauern, denn „Führen“ an sich ist nichts Schlechtes. Die zugrundeliegende Absicht bestimmt die Qualität. Nur wenn Sie selber bereit sind, die Verantwortung für sich zu übernehmen und sich selber damit führen, werden Sie andere führen können. Ihre Mitarbeiter werden Sie dann immer als präsent erleben und nicht als jemanden, dem man in der Mitarbeit ausweichen kann.

„Aktiv“ bedeutet in diesem Zusammenhang, Verantwortung zu übernehmen, ein Ziel zu formulieren, eine Diagnose zu stellen und die passenden Verhaltensweisen zur Erreichung des Zieles zu wählen. „Aktiv“ bedeutet, nicht einfach treiben lassen und nach der Methode "Aussitzen" oder „Einfach-einmal-laufen-lassen“ führen, sondern klar die

Linien vorgeben, auch wenn sie in Diskussionen modifiziert werden müssen.

„Führen“ umfaßt im Grunde viele sehr wichtige Verhaltensweisen gegenüber Mitarbeitern, wie zum Beispiel anleiten, entwickeln, helfen, korrigieren, lehren, bestrafen, ... „Führen“ heißt: Selber die Verantwortung übernehmen und aktiv handeln – nicht nur davon reden. Ohne Führung funktioniert sehr wenig. Die Qualität des Führens bestimmt einzig und allein das Ergebnis. Das bedeutet, daß Ihr Führungsstil entscheidet, ob Sie Erfolg haben. Wichtig ist, daß wir uns an ganz bestimmten Führungsstilen orientieren. Je nach persönlichem Wertsystem sind das der anweisende (wertend gesprochen der autoritäre Führungsstil); der überzeugende (belehrende); der beratende (demokratische) und delegierende (laissez-faire) Führungsstil.

- Bei dem anweisenden Führungsstil entwickelt und verkündet der oder die Führende alle Entscheidungen selber. Diesen Führungsstil kennzeichnet sehr viel Aufgabenverhalten, bei denen eine Vorgesetzte oder ein Vorgesetzter mit den sogenannten W-Fragen sagt, wer, was, wann und bis wann, mit wem, womit, wie und mit was machen soll.

- Bei dem überzeugenden Führungsstil entwickelt der oder die Führende die Entscheidungen nach wie vor selber. Es wird gesagt, wo es lang geht. Zusätzlich werden Mitarbeiter über Hintergründe von Problemstellungen, Lösungsansätzen, Handlungen und deren Kontrolle orientiert: Es wird gesagt, warum etwas geschieht. Vorgesetzte geben immer noch viel „W“ vor, pflegen aber auch die Beziehung mit Mitarbeitern.

- Bei dem beratenden Führungsstil bezieht der Führende bei Entscheidungen seine Mitarbeiter voll ein. Vorgesetzte halten sich mit der Definition von „Ws“ stark zurück und versuchen vor allem auf der Beziehungsebene zu agieren. Zusammen werden Problemstellungen durchdacht, Lösungen entwickelt, durchgeführt und selbstverständlich auch überwacht. Dabei kann es sogar so sein, daß Vorgesetzte vor allem dem Problem des Mitarbeiters oder der Mitarbeiterin ihr Ohr schenken und viel zuhören.

WIE
FÜHRE
ICH
RICHTIG

- Bei dem delegierenden Führungsstil übergeben Vorgesetzte Mitarbeitern die Verantwortung. Sehr wenig „Ws" werden vorgegeben und selbst die Beziehung beschränkt sich auf Vertrauen und Kurzkontakte. Mitarbeiter entscheiden bei verschiedensten Aufgabenstellungen selbständig über ihre Vorgehensweisen.

Es gibt also eine ganze Reihe von Führungsstilen. In der Praxis trifft man immer wieder auf die Meinung, dieser oder jener Führungsstil sei der bessere. In der Hochkonjunktur und in Unternehmen, bei denen es besonders gut läuft, herrscht vor allem die Meinung vor, delegierend und mit viel Freiheit führen zu sollen. In rezessiven Phasen oder in Unternehmen, bei denen es wirtschaftlich angespannt zugeht, trifft man immer wieder auf die Meinung, man müsse streng und straff führen. Aber selbstverständlich haben beide Führungsstile ihre Probleme: In der Hochkonjunktur wird immer wieder die Freiheit der delegierenden und beratenden Stile mißbraucht. Andererseits kündigen in der rezessiven Phase bei strafferen Führungsstilen gute Mitarbeiter offensichtlich erst recht oder gehen, wenn die Rezession abklingt. Irgend etwas lief da schief.

Heute ist sowohl aus den Forschungsergebnissen über Führungsstile, wie auch aus der täglichen Praxis ersichtlich, daß jeder dieser oben genannten Führungsstile wichtig ist. Es gibt keinen allumfassenden „guten" Führungsstil, höchstens einen zu der Situation am besten passenden und damit aktiven.

Auf wissenschaftlicher Ebene gibt es hervorragende Ansätze, die sich mit Führen und Führungsstilen auseinandersetzen. Auf ihre Darstellung möchte ich jedoch hier verzichten.

Bitte beantworten Sie nun folgende Fragen:

- Was wollen Sie mittels dieses Buches erreichen?
- Welche Fragen muß Ihnen dieses Buch beantworten?
- Was wollen Sie keinesfalls lesen?

Notieren Sie sich Ihre Gedanken und legen Sie von nun an Papier und Bleistift nicht mehr weg. Damit Ihnen die Formulierung aktueller und

ICH GLAUBE, MIT DEM NEUEN MÜSSEN WIR UNS AUF EINEN ANDEREN FÜHRUNGSSTIL EINSTELLEN

eventuell chronischer Probleme leichter fällt, bearbeiten Sie bitte die folgende Aufgabe.

***Aufgabe 1.1:* Typische Probleme mit Mitarbeitern im Betrieb**

Liebe Leserin, lieber Leser, beantworten Sie spontan und ohne lange Überlegungen die folgenden Fragen auf einem Blatt Papier:

- Mit welchen mir unangenehmen Verhaltensweisen werde ich immer wieder konfrontiert?
- Wer oder was hindert mich, Führungsprobleme anzupacken?
- Mit welchen Verhaltensweisen von Mitarbeitern habe ich immer wieder Mühe?
- Was bedeutet es, wenn ich einen Mitarbeiter kritisiere?
- Welcher Führungsstil macht mir selber immer wieder Mühe?
- Wie reagiere ich, wenn ich Spannung im Mitarbeiter spüre?
- Wie gehe ich gegen Leistungsabfall vor?
- Wie reagiere ich, wenn Mitarbeiter bocken?
- Wie bereite ich die Nachfolge einzelner Funktionsträger vor?
- Wie schätze ich meine Mitarbeiter ein?
- Wie führe ich meine Mitarbeiter zielorientiert?
- Wie führe ich zwar willige, aber doch noch unfähige Mitarbeiterinnen und Mitarbeiter?
- Wie kann ich mich auf schwierige Gespräche mit Mitarbeitern, aber auch Kollegen und Vorgesetzten vorbereiten?
- Wie schätze ich die Stärken oder Schwächen meiner Mitarbeiter ein?
- Wie beurteile ich die Selbständigkeit?
- Führe ich meine Mitarbeiter-, Jahres- oder Qualifikationsgespräche ordentlich durch?
- Wie führe ich der Situation angepaßt?
- Wie informiere ich mich über das Verhalten meiner Mitarbeiter?
- Womit helfe ich meinen Mitarbeitern in schwierigen Situationen?
- Wie kann ich erreichen, daß in Gesprächen Vereinbartes wirklich eingehalten wird?

Sie können die Fragen immer wieder vornehmen, um sich Rechenschaft über Ihre vorliegenden Führungsprobleme und Auseinandersetzungen zu geben; beispielsweise indem Sie die Liste am Ende des Buches nochmals herausnehmen. Unser Anliegen ist es jedenfalls, Ihnen Hilfe und Sicherheit bei Begegnungen mit Führungssituationen zu geben.

Wir wollen hier gleich jeglicher Illusion vorbeugen, selbst wenn es banal klingen mag: Keiner kann sich in kurzer Zeit ändern. Sie sind herausgefordert, das für Sie Wichtigste dem Buch zu entnehmen und sofort umzusetzen.

Das Buch wird Ihnen helfen, die obigen Fragen zu beantworten. Nehmen Sie nun Ihre Notizen zur Hand und vergleichen Sie bitte Ihre eigenen Ziele mit denen, die in dem Buch verfolgt werden! Entscheiden Sie bitte jetzt: Bin ich bereit, in meinem eigenen und dem Interesse meiner Mitarbeiter, betriebliche Probleme wirklich zu lösen?

Es gibt zwei Möglichkeiten, wie Sie mit diesem Buch arbeiten können:

1. Sie betrachten das Buch als Informationsquelle und Möglichkeit, sich intensiv mit Unternehmen – Mitarbeiter – Vorgesetzten – Problemen zu beschäftigen. Sie haben Zeit und können das Buch mit Papier und Bleistift allmählich durcharbeiten.
2. Sie haben ein akutes Führungsproblem. Dann haben Sie keine Zeit, erst das gesamte Buch durchzuarbeiten, sondern Sie suchen nach dem entsprechenden Stichwort im Inhaltsverzeichnis, lesen und arbeiten die Sie betreffenden Kapitel durch. Nachdem das akute Problem gelöst ist, sollten Sie aus Sorge und Fürsorge in Ruhe beginnen, sich das Buch zu erarbeiten.

Benutzerhinweis

Dieses Buch soll Ihnen die Möglichkeit geben, Ihren eigenen Führungsstil festzustellen. Schon jetzt können Sie – unbeeinflußt vom Inhalt des Buches – eine Diagnose vornehmen. Diese sollten Sie dann nach der Lektüre des Buches nochmals wiederholen und dann auch die entsprechenden Schlüssel anwenden. Führen Sie die Diagnose mit Hilfe von Anhang 1 „Überprüfen Sie Ihre Führungsstile“ durch.

2 Entwicklung des „aktiven Führens“

2.1 Einführung

Ziel dieses Kapitels ist die Sensibilisierung des Lesers für bestimmte, wiederkehrende Führungssituationen und dabei gemachte Fehler mit Hilfe von Situationen aus der Praxis. Weiter werden die Grundelemente des „aktiven Führens“ dargestellt.

Ziel dieses Kapitels ist auch die Erläuterung und Umsetzung verschiedenster aktiver Führungsstile in der Praxis. Es wird dabei deutlich, daß es keinen idealen Führungsstil gibt, sondern daß jeder dieser vier Führungsstile in bestimmten Situationen gilt.

„Aktiv führen“ bedeutet, bewußt und zielgerichtet das eigene Verhalten zur Führung des Mitarbeiters zu größerer Selbständigkeit einzusetzen. Größere Selbständigkeit erreicht der Mitarbeiter durch schrittweises Erlernen einer bestimmten Aufgabe, Tätigkeit, Arbeit, Funktion, eines Ablaufes, Prozesses oder eines Jobs. Das Erlernen zielt auf eine vergrößerte Leistung und wird dadurch unter dem Förderungs- und Prüfungsaspekt gesehen. Die Kontrolle des Vorgesetzten hat dabei sowohl einen Feedback- als auch Korrekturcharakter.

„Passiv führen“ bedeutet, ungezielt das eigene Verhalten zur Führung des Mitarbeiters einzusetzen. Größere Selbständigkeit erreicht der Mitarbeiter durch zufällige Konfrontation mit einer bestimmten Aufgabe, Tätigkeit, Arbeit oder einem Job. Das Erlernen zielt auf Leistungserhöhung, und die Kontrolle dient zur Fehlerkorrektur. „Passives Führen“ wird unbewußt den Mitarbeiter zu geringerer Selbständigkeit führen.

2.2 Die Selbständigkeit ermitteln

Es gibt ein Sprichwort, das einen „aktives Führenden“ leitet: „Der erste Schritt ist der größte“. „Aktives Führen“ erfordert als ersten Schritt immer eine klare Diagnose des Mitarbeiters. Diagnostizieren heißt, Mitarbeiter bezüglich der Selbständigkeit zur Lösung einer Aufgabe einschätzen.

Die Diagnose der Selbständigkeit bezieht sich immer auf eine ganz bestimmte Arbeit, Tätigkeit, Aufgabe oder Funktion. Je eindeutiger die Tätigkeit definiert ist, desto eindeutiger ist die Diagnose.

Diese Selbständigkeitseinschätzung wird natürlich von einer ganzen Reihe äußerer Faktoren mitbeeinflußt; z.B. durch persönliche und berufliche Lebensumstände, Krankheit, momentane Firmensituation, Akzeptanz am Arbeitsplatz. Die Selbständigkeit wird folgendermaßen definiert:

Selbständigkeit ist immer eine Kombination aus zwei beobachtbaren Verhaltensweisen:

Können und Wollen.

Wir können diese auch umgangssprachlich den „harten“ und den „weichen“ Anteil beim Mitarbeiter nennen oder den Aufgabenteil (Fakten) und den menschlichen Beziehungsteil. Diese „Zweieinigkeit“ findet sich immer im Führungsalltag.

Die Selbständigkeit (S) der Mitarbeiterin und des Mitarbeiters kann so ganz einfach bestimmt werden:

- Entweder kann sie/er eine bestimmte Aufgabe selber machen oder sie/er kann sie nicht und
- entweder will sie/er die Aufgabe machen oder sie/er will sie nicht machen. Gleichzeitig gilt auch, daß sie/er in einer Aufgabe sicher oder unsicher sein kann.

Aus den zwei Hauptfaktoren „Können und Wollen/Sicher“ ergeben sich dann grundsätzlich vier verschiedene Selbständigkeitsgrade. Diese Selbständigkeitsgrade (S) sind in Abb. 2.1 dargestellt.

Selbständigkeitsgrade				
Diagnose:	**S4**	**S3**	**S2**	**S1**
beobachten	kann will ist sich sicher	kann will nicht ist verunsichert	kann nicht will ist zuversichtlich	kann nicht will nicht ist unsicher
	sehr hoch ◄			**—— sehr niedrig**

Abb. 2.1: Die Kombination aus verschiedenen Können und Wollen zeigt die Selbständigkeit des Mitarbeiters bei definierten Aufgaben.

Sehr wichtig ist in diesem Zusammenhang, daß hier nur beobachtetes Verhalten zählt. Es gilt, sich nicht auf Gerüchte, Meinungen, Absichten oder Mutmaßungen einzulassen. Sie selbst sind für das Urteil verantwortlich, und das bedeutet, Sie müssen Ihr Urteil auf Fakten gründen.

Wichtig ist, die Perspektive zu definieren. Es ist immer die des Vorgesetzten. Der Vorgesetzte muß selber die Diagnose aus eigenen Beobachtungen heraus stellen. Es geht nicht darum, wie der Mitarbeiter seine Selbständigkeit sieht und sie dem Vorgesetzten mitteilen will. Eine Aufgabe machen können – d.h. S4 zu sein – heißt, daß Sie den Mitarbeiter diese Aufgabe erledigen sahen. Möglicherweise wissen Sie auch nur aus dritter Hand, daß Ihr Mitarbeiter die Aufgabe erledigt hat. Dann können Sie sich jedoch nicht immer sicher sein, daß dieser Mitarbeiter die Aufgabe wirklich lösen kann.

Es geht hier nicht darum, nur die Fähigkeiten, d.h. das mögliche Potential oder die möglichen Eigenschaften eines Mitarbeiters, zu beurteilen. Es geht einzig und allein darum, ob der Mitarbeiter die Aufgabe wirklich zufriedenstellend bearbeiten kann oder nicht kann, ob er sicher oder unsicher, willig oder unwillig ist.

Vielfach stellen wir fest, daß zuviel in Mitarbeiter hineininterpretiert wird. Die Aussagen lauten: „Der Mitarbeiter ist doch intelligent, er machte das doch schon vorher, er ist einfach zu faul, die Aufgabe zu lösen“. Die Aussage über die Faulheit mag zwar richtig sein, die Aussage, der Mitarbeiter kann die Aufgabe, d.h. hat sie schon einmal gemacht, ist aber sehr sorgfältig zu prüfen. Bei der Diagnose des „Könnens“ des jeweiligen „S“ darf immer nur auf das Verhalten geachtet werden.

2.3 Besondere Situationen bei der Selbständigkeitsdiagnose

Bei der Diagnose geht es nie darum, eine Person einem bestimmten Selbständigkeitstyp zuzuordnen. Es gibt keinen S1- oder S4-Typ, einen der nichts kann und nichts will. Das wäre zu einfach gedacht.

Die Diagnose bezieht sich immer auf eine ganz bestimmte und definierte Tätigkeit, Aufgabe, einen Ablauf, Prozeß, eine Funktion oder einen Job. Es ist ein natürliches Phänomen, Menschen zu typisieren. Diese Typisierung hilft natürlich, leichter mit Menschen umzugehen. Sie bringt jedoch kein aktives Umgehen mit dem Mitarbeiter an sich. „Aktives Führen“ will die Präzisierung der Situation und damit das Führungsverhalten des Chefs bestimmen. Die Selbständigkeit variiert immer von einer Aufgabe zur anderen, von einer Sekunde auf die andere. Sowie es um ein anderes Thema oder eine andere zu lösende Aufgabe geht, muß eine neue Diagnose gestellt werden. Z.B. variiert die Selbständigkeit bei der spezifischen Aufgabe: „Vor einer neuen Gruppe sprechen“ riesig. Wenn ein Gruppenleiter vor seinen Mitarbeitern oder einer Projektgruppe sprechen soll, ist das in der Regel etwas anderes als den gleichen Vortrag vor einer Konzernleitung zu halten. Also bei der Diagnose klar beobachten und nachdenken!

Im folgenden finden Sie einige typische Alltagsprobleme und Beispiele für Selbständigkeitsgrade:

Herr Jobai wurde aus einem Produktions- in einen Lagerbereich zwangsversetzt, er kennt diesen Bereich überhaupt nicht und zeigt sich unsicher: Er ist garantiert sehr unselbständig und im Bereich S1.

Herr Ullmann ist für den neuen Marketingbereich vorgesehen. Er hat diese Aufgabe noch nie wahrgenommen (kann nicht), zeigt sich angesichts der neuen Aufgabe bereit und gleichzeitig unsicher: Er ist klar ein Grenzfall zwischen S1 und S2. Die Erfahrung zeigt hier, eher das Kritischere anzunehmen, d.h. ihn wirklich auch in S1 einzuschätzen.

Eine Mitarbeiterin frägt häufig nach, obwohl sie Sachverhalte selber klären könnte. Dabei wirkt sie noch unsicher. Hier trotzdem die kritische Einschätzung (kann nicht, ist unsicher und offensichtlich unwillig, die Aufgabe selber zu lösen: S1) vornehmen! Wenn jemand einfach die Aufgabe nicht löst und bestimmte Verhaltensweisen nicht mehr zeigt (Aufgabe selber klären), heißt es kritisch werden. Sonst droht eine Fehldiagnose, die auf einer Vermutung basiert.

Die Geschäftsleitungssitzung am Montagvormittag ist offensichtlich schlecht geführt. Der Chef scheint einfach Besprechungen nicht führen zu können und ist aber für eine Verbesserung motiviert. Das deutet klar auf eine niedrige Selbständigkeit (S2) hin. Wenn jemand eine hohe Führungskraft ist, bedeutet das eben noch lange nicht, daß er alle ihm gestellten Aufgaben auch kann und will, also S4 ist.

Die Kommunikation von der Arbeitsvorbereitung zu Programmierern ist von viel Improvisation geprägt. Offensichtlich können die Betreffenden die Aufgabe noch nicht richtig lösen, sind aber zu allem Einsatz bereit (nicht können und willig und zuversichtlich: S2), so daß es irgendwie funktioniert.

Das neu eingeführte und jetzt funktionierende Produktionsplanungssystem wird durch Schnellschüsse unterschiedlicher Wichtigkeiten in der Terminkoordination besonders vom Betriebsleiter gestört. An sich kann er die Aufgabe „Termine“ koordinieren. Aber irgendwie ist er mit der Einführung der neuen Applikation unwillig geworden und funkt dazwischen (S3).

Frau Hoffmann, eine wichtige Gruppenchefin, setzt sich zuwenig bei ihren Mitarbeitern durch. Sie könnte es wohl, weil sie es in der Vergangenheit auch leistete. Allerdings ist sie jetzt verunsichert, d.h. im Selbständigkeitsgrad S3 (kann und will nicht/ist verunsichert).

Die Regeln der Gleitzeit sind erst vor kurzem erläutert worden, und die Mitarbeiter wenden sie erfolgreich an, können sie (S4). Wenn Stempelregeln nicht eingehalten werden, liegt Unwilligkeit vor: S3.

FAZIT ***Die Kombination aus Können und Wollen/Sicherheit zeigt sofort die Selbständigkeit des Mitarbeiters für eindeutig definierte Aufgaben. Ihr Urteil soll dabei auf eindeutig beobachtbares Verhalten gerichtet werden.***

Aufgabe 2.1: **Die Selbständigkeit einschätzen**

Ziel: Die Aufgabe hat das Ziel, in der Einschätzung der Selbständigkeit sicherer zu werden.

Ablauf: Bitte lesen Sie zuerst die Situation in der Abteilung eines Herrn Taylor durch. Nehmen Sie dann die Beschreibung der Selbständigkeitsgrade zu Hilfe, und ordnen Sie diese der Situation zu.

Situation 1

Ein noch junger Mitarbeiter ist in seine erste Führungsfunktion befördert worden. Er ist unsicher, wie er diese Aufgabe bewältigen wird und will nicht richtig.

Selbständigkeitsgrad ________

Situation 2

Aufgrund eines Geschäftsleitungsbeschlusses soll eine Stelle in der Abteilung von Herrn Taylor abgebaut werden. Diese Stelle hält ein älterer und verdienter Mitarbeiter inne. Um dem Mitarbeiter nicht zu kündigen, bietet Herr Taylor ihm eine neue Funktion an, die derzeit unbesetzt ist. Dies wirkt allerdings mehr wie eine Zwangsversetzung und die Zuweisung einer einfachen Aufgabe, die er allerdings nicht kennt. Er hat nun einen weiteren Arbeitsweg, einen geringeren Lohn und weniger Status.

Selbständigkeitsgrad des Mitarbeiters? ___________

Situation 3

Herrn Taylors Abteilung hat mit einem anderen Textsystem zu arbeiten. Es wird beispielsweise von einem konventionellen und archaischen Textsystem auf ein moderneres, mit Maus gesteuertes, Textsystem umgestellt. Kein Mitarbeiter kennt dieses neue Textsystem.

Selbständigkeitsgrad ___________

Situation 4

Die Abteilung von Herrn Taylor soll mit einer neuen PC-Programmversion ausgestattet werden. Die alten Programme laufen vorläufig weiter, und die Benutzeroberfläche ist kompatibel zur alten Anlage. Die Mitarbeiter sind pflichtbewußt und engagiert. Ihre Arbeit war bis jetzt immer gut.

Selbständigkeitsgrad der Mitarbeiter? ___________

Situation 5

Es wurde eine Sitzung mit einer Gruppe erfahrener Projektleiter in der Abteilung Herrn Taylors einberufen, um ein mögliches Projekt zu diskutieren. Das gleiche Projekt war allerdings vor einem Jahr schon einmal in der Diskussion. Alle zeigen gegenüber H. Taylor nur wenig Begeisterung dafür. Sie sind ärgerlich, daß sie Zeit in etwas investieren müssen, was schon einmal diskutiert wurde.

Selbständigkeitsgrad der Mitarbeiter? ___________

Situation 6

Eine Außendienst-Mitarbeiterin mit ausgezeichneten Leistungsbeurteilungen soll im Rahmen von Kosteneinsparungen einen Teil eines Kundenstammes ihres gekündigten Kollegen übernehmen. Sie signalisierte bereits früher, daß sie zu Mehrarbeit bereit ist.

Sie können nun Ihre Lösungen mit den Lösungen im Anhang 2 vergleichen.

***Aufgabe 2.2:* Ist-Analyse der eigenen Mitarbeiter durchführen**

Ziel: Sicherer werden in der Diagnose Ihrer Mitarbeiter.

Ablauf: Sie machen eine Ist-Analyse der eigenen Mitarbeiter.

Genereller Ablauf

Basis der Ist-Analyse ist, daß Sie zuerst eine Liste aller in Ihren Augen wichtigen und spezifischen Aufgaben, Funktionen, Jobs oder Tätigkeiten einer Stelle anfertigen. Sie können dabei auch auf bereits vorliegende Stellenbeschreibungen, Pflichtenhefte und Anforderungsprofile zurückgreifen (siehe Abb. 2.2).

Sie klären in einem weiteren Schritt die Schwächen und die sich daraus ergebenden Folgen und Risiken für Ihre Mitarbeiter ab.

Sie ordnen im dritten Schritt den Aufgaben die entsprechenden Selbständigkeiten zu.

Die Stärken und die sich daraus ableitenden Chancen Ihres Mitarbeiters bearbeiten Sie anschließend in der gleichen Art und Weise.

Ein Tip: Führen Sie diese Aufgabe zuerst bei sich selber durch. Beschreiben Sie also zuerst für sich Ihre eigenen Aufgaben und Schwächen/Stärken. Wenn Sie diese Instrumente zuerst bei sich anwenden, profitieren Sie von dem Lerneffekt.

Detaillierter Ablauf:

Aufgabe 2.2.1 Machen Sie bitte zuerst einmal eine genaue Aufstellung über die spezifischen Aufgaben, Tätigkeiten, Jobs oder Arbeiten Ihres Mitarbeiters. Sie können dazu Abb. 2.2 zu Hilfe nehmen. Verwenden Sie für jeden Mitarbeiter ein neues Blatt. Bitte füllen Sie die Selbständigkeit später aus, wenn Sie sich nicht sofort klar darüber sind.

Die Analyse der Stärken/Schwächen und die Zuordnung der Selbständigkeit stellt auch eine Ausgangslage für spätere, weitere Aufgaben dar. Wir bitten Sie deshalb, diese Aufgaben wirklich durchzuführen.

Einige Beispiele für Schwächen und die daraus resultierenden Folgen und Risiken für den Mitarbeiter:

1. Schwäche bei einer Sekretärin in der Abteilung von Herrn Taylor ist die „mangelnde Beherrschung der Textverarbeitung“. Sie weigert sich beharrlich, ihre Grundkenntnisse auszuweiten. Die Folge ist ein höherer Zeitaufwand beim Briefeschreiben, mit dem Risiko, daß sie bei der nächsten Textverarbeitungsgeneration völlig steckenbleibt.

2. Eine Schwäche bei einem Mitarbeiter im Servicebereich von Herrn Taylor ist das gelegentliche „Nicht-Beachten“ der Sicherheitsvorschriften bei Arbeiten im Hochspannungsbereich. Daraus entwickelt sich eine Verunsicherung bei seinen Kollegen. Dort kam es schon zu Nachlässigkeiten und heftigen Auseinandersetzungen. Das Risiko ist jetzt natürlich eine erhöhte Unfallgefahr.

3. Die Schwäche des Personalreferenten von Herrn Taylor ist sein „mangelndes Zuhören“. Er läßt bei einer Diskussion andere nicht aussprechen. Andererseits wirkt er vor einem Publikum oder einer Diskussionsrunde überzeugend. Es entwickelt sich als Folge vergrößerter Unwille bei den Betroffenen. Es besteht das Risiko, daß er immer mehr abgelehnt wird und daß das Vertrauen in ihn und Herrn Taylor schwindet.

Haben Sie für Ihre eigenen Mitarbeiter den Kugelschreiber parat?

Aufgabe 2.2.2 Machen Sie eine Ist-Analyse von Ihren eigenen Mitarbeitern: Überlegen Sie sich bezüglich bestimmter Aufgaben die Schwächen und die sich daraus ergebenden Folgen und Risiken. Vor die „Schwächen“ tragen Sie bitte die spezifischen Aufgaben ein. Nehmen Sie dazu Abb. 2.2 zu Hilfe.

Aufgabe 2.2.3 Überlegen Sie sich für bestimmte Mitarbeiter bezüglich jeder ihrer Aufgaben die Stärken und die sich daraus ergebenden Folgen und Chancen. Vor die „Stärken“ tragen Sie bitte die spezifischen Aufgaben ein. Nehmen Sie dazu Abb. 2.3 zu Hilfe.

Beurteilung von:			
Aufgaben	**Schwächen**	**Folgen/Risiken**	**Selbständigkeit**
1.			
2.			
3.			
4.			
5.			
6.			
7.			
8.			
9.			
10.			

Abb. 2.2: Der Mitarbeiter kann bei bestimmten Aufgaben in seinen Schwächen eingeschätzt werden.

Beurteilung von:			
Aufgaben	**Stärken**	**Folgen/Chancen**	**Selbständigkeit**
1.			
2.			
3.			
4.			
5.			
6.			
7.			
8.			
9.			
10.			

Abb. 2.3: Die Stärken und sich daraus ableitende Folgen und Chancen können dargestellt werden.

2.4 Die Funktionsbeschreibung als Alternative zur Stellenbeschreibung

Ein viel diskutiertes Thema ist, inwieweit Stellenbeschreibungen, Pflichtenhefte etc. nützlich sind. Das Argument gegen die Stellenbeschreibungen ist, daß diese unter Umständen von dem Mitarbeiter/in genutzt werden, um zu sagen, daß er/sie nur dieses oder jenes machen muß. Es wird vielfach auch argumentiert, daß Stellenbeschreibungen Zustände zementieren würden und nicht den andauernden Veränderungsprozessen im Unternehmen Rechnung tragen.

Diese Argumente haben ihre Berechtigung. Allerdings darf man es dabei nicht belassen und einfach nichts tun, wie es der Autor in

Unternehmen praktisch immer wieder erlebt. Die Konsequenzen waren, daß

- keine klaren Abmachungen getroffen wurden;
- sich Vorgesetzte immer in Nebel hüllten und unverbindlich in ihren Anforderungen blieben, dadurch hatten verunsicherte Mitarbeiter das Problem, den Gegenbeweis anzutreten;
- mehr Energie in Absicherung des Bestehenden als in die Entwicklung von Neuem investiert wurde.

Klar ist, daß es keine starren Beschreibungen mehr braucht, wenn ein Mitarbeiter, das Team oder die Abteilung eine große Selbständigkeit erreicht hat, die Instrumente beherrscht und sie so gelebt werden, daß sie nicht mehr formalisiert eingesetzt werden müssen.

Interessanterweise sprechen sich gerade unverbindlich bleibende und wenig zielorientierte Vorgesetzte immer wieder gegen die einfachsten Führungsinstrumente wie Stellenbeschreibungen, Mitarbeiterbeurteilungen und Mitarbeitergespräche aus. Wie kommt man jetzt trotzdem um das Dilemma der betonierenden Stellenbeschreibung herum?

Betrachten Sie sich bitte zuerst einmal Abb. 2.4 mit der Produkte- und Funktionen-/Tätigkeiten-Matrix. Statt Produkte, können hier auch Prozesse oder Abläufe angeführt werden. Das Prinzip ist jetzt ganz einfach: Jedes Unternehmen, jede Abteilung, jedes Team und jeder Mitarbeiter hat bestimmte Produkte, für die er verantwortlich zeichnet.

Gleichzeitig gelten für ein Produkt/Prozeß immer die Tätigkeiten einer Entwicklung, Realisierung, Schulung/Einführung und Coaching/Support. Jede dieser Aufgaben muß von einem bzw. mehreren Mitarbeitern wahrgenommen werden. So kann es z. B. sein, daß ein Mitarbeiter zu einem Produkt nur eine dieser Funktionen wahrnimmt. Oder er nimmt im Extremfall alle diese Funktionen zu einem Produkt wahr. Klar ist, daß höhere Vorgesetzte mehr auf der entwickelnden, Sachbearbeiter auf der realisierenden Ebene tätig sind.

Wenn ein Mitarbeiter die Funktion antritt, braucht es einen gewissen minimalen und damit kritischen Selbständigkeitsgrad (den Soll-Selbständigkeitsgrad). Ohne diesen minimalen Selbständigkeitsgrad kann der Mitarbeiter seine Aufgaben nicht wahrnehmen, und er wird auch bestimmt eine gehörige Portion „aktives Führen“ benötigen.

Wie nutzen Sie diese Funktionsbeschreibung? Bestimmen Sie zuerst die Produkte/Prozesse/Abläufe in Ihrem Verantwortungsbereich. Dann teilen Sie diese einzelnen Mitarbeitern zu.

Entscheiden Sie dann, auf welcher Funktionen-/Tätigkeitsebene dieser Mitarbeiter für dieses Produkt verantwortlich zeichnet. Als Nächstes bestimmen Sie die Soll- und Ist-Selbständigkeiten.

Zwei Tips: Bearbeiten Sie diese Matrix zuerst für Ihre eigenen Produkte. Schreiben Sie sich quasi selbst Ihre Funktionsbeschreibung. Danach erst bearbeiten Sie die Mitarbeiterebene.

Arbeiten Sie diese Funktionsbeschreibung, falls möglich, mit Ihren Mitarbeitern zusammen aus. Die werden genau so viel Spaß daran haben wie Sie. Außerdem sichert Einbeziehung von Anfang an den Support bei der Umsetzung.

Mitarbeiter:

Produkte / Aufgaben, Tätigkeiten	**Produkt x**	**Produkt y**	**Produkt z**	**Produkt u**
Entwicklung	S-Soll: S-Ist:	S-Soll: S-Ist:	S-Soll: S-Ist:	S-Soll: S-Ist:
Realisierung	S-Soll: S-Ist:	S-Soll: S-Ist:	S-Soll: S-Ist:	S-Soll: S-Ist:
Schulung/ Einführung	S-Soll: S-Ist:	S-Soll: S-Ist:	S-Soll: S-Ist:	S-Soll: S-Ist:
Support	S-Soll: S-Ist:	S-Soll: S-Ist:	S-Soll: S-Ist:	S-Soll: S-Ist:

Abb. 2.4: Die Funktionsbeschreibung stellt für die einzelnen Produkte den Bezug zu den Aufgaben/Tätigkeiten dar. Sie wird pro Mitarbeiter erstellt.

2.5 Die Elemente des „aktiven Führens“

„Aktives Führen“ hat seine Wurzeln einerseits bei den amerikanischen Arbeiten von Hersey und Blanchard (situatives Führen) und andererseits bei Blake und Mouton (Managerial Grid). Dieser aktive Führungsansatz wird seit einiger Zeit mit großem Erfolg im europäischen Bereich eingeführt.

Zur Ermittlung von wirklich wirksamem Führen wurden Führungskräfte in unterschiedlichsten Führungssituationen beobachtet. Die Beobachtungen wurden in allen Branchen durchgeführt. Hinter den Untersuchungen standen die Fragen:

- Wie verhalten sich aktiv führende und erfolgreiche Vorgesetzte?
- Wie führen Führungskräfte in unterschiedlichsten Situationen?
- Wie gehen Vorgesetzte mit unterschiedlichen Mitarbeitern um?
- Wie entwickeln Führungskräfte ihre Mitarbeiter?
- Wie reagieren Vorgesetzte in Krisen?

Die Ergebnisse dieser Beobachtungen waren dabei so klar, daß sie fast schon wieder trivial aussehen. Es wurden nämlich zwei grundsätzliche Verhaltensweisen identifiziert: Aufgaben- und Beziehungsverhalten. Die beiden Verhaltensweisen kommen offensichtlich immer miteinander vor. Das bedeutet: Führungsverhalten ist eine Kombination von mehr oder weniger Aufgabenverhalten und mehr oder weniger Beziehungsverhalten.

Aufgabenverhalten: Verhaltensweisen, die harte Informationen zur Erfüllung einer ganz bestimmten Aufgabe vermitteln.

Beziehungsverhalten: Verhaltensweisen, die menschliche und soziale Signale zur Vertrauenspflege vermitteln.

Aufgabenverhalten ist	**Beziehungsverhalten ist**
eine Aufgabe eindeutig zu definieren und zu strukturieren:	*alles zur Beziehungs- und Vertrauenspflege Notwendige:*
klar sagen, was, wer mit wem, wie, wieviel, wo, womit, ab wann, bis wann zu tun ist; Ziele setzen und kontrollieren; straff informieren;	passives Zuhören (Mund halten); aktives Zuhören (z.B. Nachfragen, wie es geht, bestätigen, nicken, ansehen, auf Fragen eingehen); Vorschläge des Mitarbeiters annehmen und diskutieren; ehrliche Rückmeldung geben; auf private Themen, z.B. Hobbys eingehen; Anerkennung und Kritik offen aussprechen; sich für die Person interessieren; mit Körpersprache Offenheit zeigen; aufrechte und zugewandte Körperhaltung; Hände zeigen und nicht im Verborgenen „herummachen“;
Ein-Weg-Kommunikation: den Vorgesetzten interessiert primär nicht die Beziehung mit dem Mitarbeiter, nur die zur Erfüllung der Aufgabe wichtige Information wird vermittelt.	*Zwei-Weg-Kommunikation: der Vorgesetzte fördert aktiv die Beziehung zum Mitarbeiter, er unternimmt alles, um den Mitarbeiter zu verstehen; nichts anderes tun.*

Abb. 2.5: Aufgaben- und Beziehungsverhalten sind die Grundelemente der Führungsstile.

Aufgaben- und Beziehungsverhalten sind voneinander unabhängig und kombinier- und in einer Matrix darstellbar. Beziehungs- und Aufgabenverhalten kommen miteinander immer in unterschiedlichen Ausprägungen vor. Die Verhaltensweisen sind viel oder wenig ausgeprägt: „Aktives Führen“ bedeutet immer eine Kombination von jeweils viel (v) oder wenig (w) Aufgaben- und Beziehungsverhalten. Diese Kombinationen ergeben vier grundsätzliche aktive Führungsstile. Diese vier verschiedenen Führungsstile sind in Abb. 2.6 dargestellt.

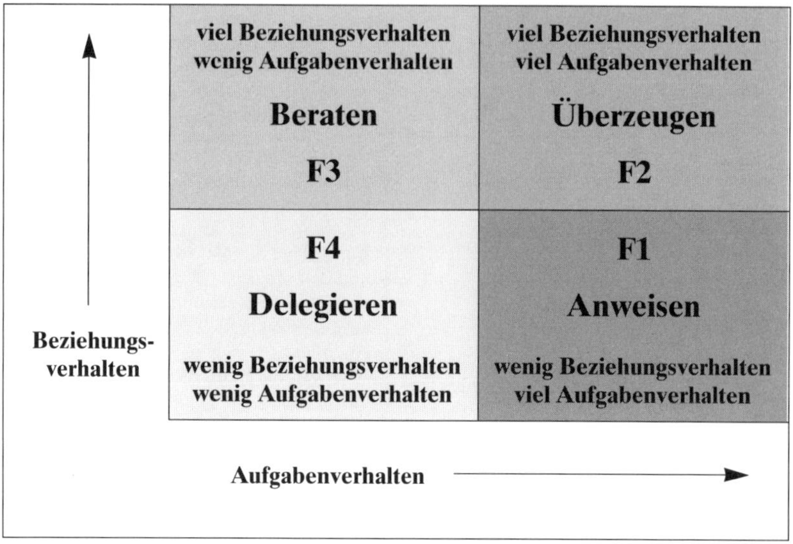

Abb. 2.6: Durch die Variation von Aufgaben- und Beziehungsverhalten werden vier Führungsstile beschrieben.

F4	F3	F2	F1
wenig Aufgabenverhalten und wenig Beziehungsverhalten	wenig Aufgabenverhalten und viel Beziehungsverhalten	viel Aufgabenverhalten und viel Beziehungsverhalten	viel Aufgabenverhalten und wenig Beziehungsverhalten
delegieren, Verantwortung geben: selber machen lassen gemeinsam diskutieren	*beraten, partizipieren:* zur Seite stehen, positiv aufbauen	*überzeugen, argumentieren:* zeigen, wie es geht, viel kontrollieren, „warum“ erklären	*anweisen, diktieren:* klar sagen, wo es lang geht

Abb. 2.7: Die Führungsstile eines jeden Vorgesetzten sind immer eine Kombination aus viel oder wenig Aufgaben- und Beziehungsverhalten.

Die Bezeichnungen für die einzelnen Führungsstile (anweisen, überzeugen) sind zusammenfassende Begriffe. Diese Begriffe kennzeichnen möglicherweise nicht Ihre persönlichen Beschreibungen. Wenn Sie, liebe Leserin, lieber Leser, die Begriffe stören, sollten Sie diese einfach im Buch durchstreichen und durch Ihre ersetzen.

Im Folgenden haben wir für Sie die Beziehung zwischen der Diagnose (1. Schritt) und dem daraus abgeleiteten Führungsstil (2. Schritt) dargestellt.

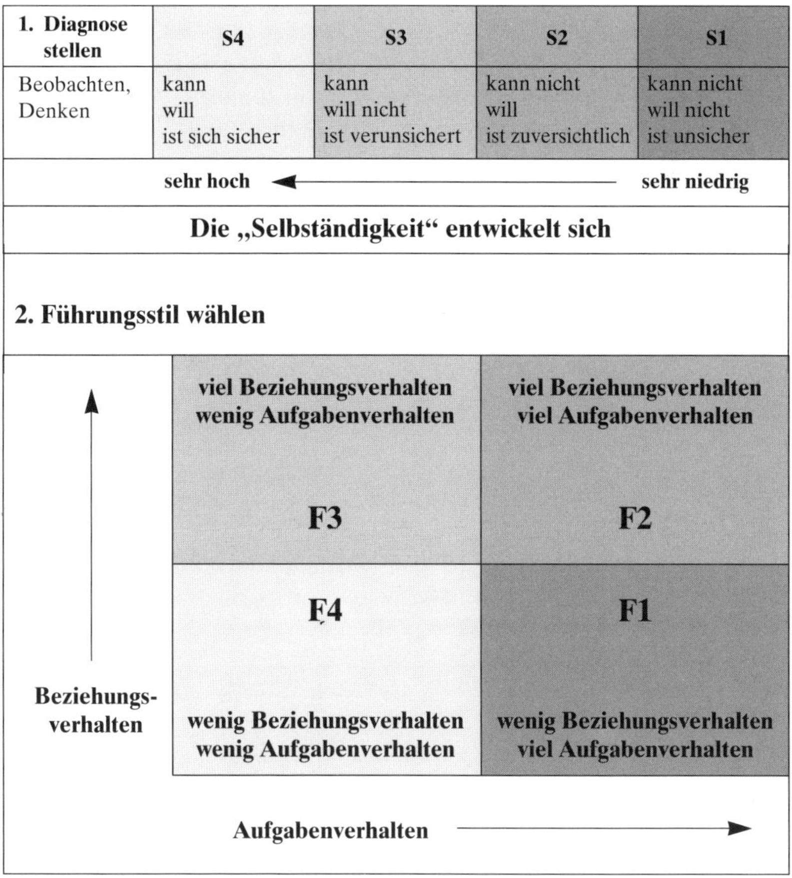

Abb. 2.8: Die Kombination aus verschiedenem Können und Wollen zeigt die Selbständigkeit des Mitarbeiters bei bestimmten Aufgaben.

Die vier Führungsstile stehen in einer eindeutigen Verbindung zu den vier Selbständigkeitsgraden. Sie können zu jedem der vier Selbständigkeitsgrade den entsprechenden Führungsstil wählen. Ein Mitarbeiter in einem sehr niedrigen Selbständigkeitsgrad S1 (kann, will nicht und ist unsicher) wird mit dem entsprechenden Führungsstil F1 geführt. Ein Mitarbeiter im S2 wird mit F2 geführt, usw.

FAZIT ***„Aktives Führen“ heißt: zuerst eine Diagnose stellen und die Selbständigkeit bestimmen. Und dann den dazugehörigen Führungsstil mittels Aufgaben- und Beziehungsverhalten wählen.***

2.6 Zusammenfassung

Anweisen – F1

Der Führungsstil F1, das heißt „Anweisen“, bedeutet gegenüber dem Mitarbeiter viel Aufgabenverhalten und gleichzeitig wenig Beziehungsverhalten. Es wird klar gesagt, wo es lang geht und dafür gesorgt, daß es da auch lang geht. Auf den Mitarbeiter wird kaum eingegangen. Der Vorgesetzte führt und dominiert.

Überzeugen – F2

Der Führungsstil F2, d.h. „Überzeugen“, bedeutet viel Aufgabenverhalten und gleichzeitig viel Beziehungsverhalten. Es wird einerseits klar gesagt, wo es lang geht, und andererseits wird auf Fragen des Mitarbeiters eingegangen. Es dominiert aber immer noch der Vorgesetzte das Gespräch.

Beraten – F3

Der Führungsstil F3, d.h. „Beraten“, bedeutet wenig Aufgabenverhalten und gleichzeitig viel Beziehungsverhalten gegenüber dem Mitarbeiter. Der Vorgesetzte sagt früh, worum es geht: Evtl. ist nur „was“ und gegebenenfalls das „bis wann“ zu sagen. Die Reaktionen des Mitarbeiters auf diese Informationen gilt es zu verarbeiten. Vielleicht spielt noch das „Warum“ eine Aufgabe zu machen ist, eine Rolle. Jetzt führt der Mitarbeiter und dominiert das Gespräch.

Delegieren – F4

Der Führungsstil F4, d.h. „Delegieren“, bedeutet wenig Aufgabenverhalten und wenig Beziehungsverhalten zeigen. Der Auftrag wird kurz erteilt, und der Mitarbeiter weiß, was zu tun ist. Ein kurzes Gespräch kann noch das Verständnis und etwaige Probleme klären.

3 Die Führungsstile im einzelnen erleben

In diesem Kapitel wird einer straffen Gliederung gefolgt. Damit kann jeder Führungsstil in seiner Tiefe dargestellt werden.

- An einem konkreten Fallbeispiel wird jeder einzelne Führungsstil für sich dargestellt.
- Die Ziele bei einem Führungsgespräch, der Ablauf eines Führungsgesprächs und die dabei möglichen Schwächen und sich daraus ergebende Risiken werden aufgezeigt.

Folgende Situation: H. Taylor ernennt einen jungen Mitarbeiter, H. Sol, aufgrund der bisherigen Laufbahn- und Nachwuchsplanung in einer Gruppe mit sofortiger Wirkung zum Gruppenchef. Dies wird notwendig, weil seine bisherige Chefin plötzlich ausfällt. Sie wurde überraschend von der Geschäftsleitung für ein wichtiges Projekt bestimmt. Deshalb muß jetzt eine schnelle Ersatzlösung beschafft werden. H. Sol hatte zwar bisher noch keine direkten Führungsfunktionen. Sein neues kleines Team ist für bestimmte EDV-Probleme verantwortlich. In diesem Team sind unterschiedlichste Mitarbeiter tätig.

H. Taylor wendet sich aufgrund dieser Situation jetzt an seinen Personalchef, H. Gordon. Nach einer Diskussion über die Ernennung läßt H. Gordon zuerst einmal die wichtigsten Aufgaben definieren. Danach nehmen beide eine Ist-Analyse der Selbständigkeitsgrade des Gruppenleiters vor. H. Gordon erläutert H. Taylor, wie er den neuen Chef führen muß, damit dieser die Führungsaufgabe bewältigt.

Der erste Schritt ist der wichtigste, bemerkt H. Gordon, und deshalb muß zuerst einmal die Diagnose des neuen Teamchefs durchgeführt werden. Durch die Diagnose wird eines sehr schnell klar: H. Sol hat in der spezifischen Aufgabe „Führen von Mitarbeiterbesprechungen" eine sehr niedrige Selbständigkeit S1/S2. Diese Aufgabe ist H. Taylor sehr wichtig, denn von dieser Besprechung hängt die Planung des Teams ab. Wenn diese spezifische Führungsaufgabe von H. Sol nicht wahrgenommen wird, kommt es garantiert zu größeren Problemen. In einem ersten Gespräch über seinen sofortigen Einsatz als Gruppenleiter zeigte sich H. Sol verunsichert, ja unwillig. Allerdings erlaubt die Situation in dieser Gruppe kein Zögern und Diskutieren. Die Führung dieser Gruppe muß sichergestellt sein. Die höchste Priorität bei der Einführung von H. Sol in seine neue Führungsaufgabe liegt deshalb in der Förderung und Beherrschung der Aufgabe „Morgenbesprechung". H. Gordon empfiehlt H. Taylor bei der Einführung und insgesamt bei der Führung dieses Vorgesetzten eine straffe Führung: Anweisen.

3.1 Anweisen

3.1.1 Anweisen – Grundstruktur F1

H. Taylor muß gegenüber H. Sol die Führungsaufgabe eindeutig definieren und strukturieren. H. Taylor muß klar sagen, wie die spezifische Aufgabe „Führen von Mitarbeitern" von H. Sol angepackt werden muß. H. Taylor muß sagen, wo es lang geht: was, wer und gegebenenfalls mit wem, wie, wieviel, wo, womit, ab wann und bis wann etwas zu tun ist. H. Sol werden klare Ziele gesetzt, die auch sehr straff kontrolliert werden. Das bedeutet beispielsweise, so H. Gordon, daß H. Taylor jeden Tag kurz mit H. Sol ein Gespräch über seine Führungssituation führen wird. Es bedeutet „Ein-Weg-Kommunikation" in Reinkultur: den Vorgesetzten interessiert in dieser Situation nicht die Beziehung zu H. Sol. Es gilt die Situation unter Kontrolle zu bekommen und die Gruppe nicht führungslos werden zu lassen.

F1-Führung, so H. Gordon, heißt im Beziehungsverhalten nur kurz auf Fragen einzugehen. Vor allem sind nur solche Fragen zugelassen, die zur Aufgabenerfüllung relevant sind. Wenig Beziehungsverhalten heißt hier jedoch nicht, daß es dem Vorgesetzten völlig egal ist, was der Mitarbeiter empfindet. Gerade bei der spezifischen Aufgabe „Führung von Mitarbeitern" ist es wichtig, die Beziehung nicht auf einen Nullpunkt sinken zu lassen. Dosierte Unterstützung, die auf wachsende Sicherheit oder größere Bereitwilligkeit zielt, ist angebracht. Lange Dialoge erübrigen sich allerdings. H. Gordon empfiehlt, daß vor allem H. Taylor das Gespräch führt und der Mitarbeiter zuhört. Es werden reine Verständnisfragen geklärt. Über Sinn und Wert der Aufgabe wird keinesfalls diskutiert. Vorschläge werden zu diesem Zeitpunkt ebenfalls nicht entgegengenommen und keinesfalls diskutiert. Reine Information wird zur erfolgreichen Aufgabenerfüllung vermittelt. Dabei ist die Information so gebündelt, daß sie auch von H. Sol verstanden werden kann.

Im F1 aktiv zu führen heißt quasi die Anweisungen fast nur noch auf Tätigkeitsebene zu geben. H. Taylor sagt Herrn Sol bei der Vorbereitung der Morgenbesprechung: „Heute bei der ersten Morgenbesprechung informieren Sie Ihre Mitarbeiter über die neue Situation. Dann klären Sie noch offene Fragen bezüglich Ihrer Vorgängerin ab. Danach klären Sie offene Punkte ab. Die ganze erste Besprechung darf nicht länger als eine Stunde dauern. Ich werde mit dabeisein, und wir werden hinterher über die Besprechung reden. Dann werden wir weitersehen!“

Im F1 zu führen heißt auch manchmal im Befehlston agieren, und der Mitarbeiter weiß auf jeden Fall hinterher genau, was er machen muß. Es wird kein Risiko eingegangen. Wenn H. Sol jetzt einen schlechten Start hat, weil er nicht eingeführt wird, kratzen die Mitarbeiter sofort an seinem Lack. Die zu lösende Aufgabe ist eindeutig, und es wird dementsprechend kontrolliert. Das Ziel ist einzig und allein die Erfüllung der Aufgabe mit kleinst möglichem Risiko.

F1 bedeutet, so wie ein Feuerwehrkommandant im Notfall, ein Chirurg in der Operation, ein Lehrmeister am Lehranfang, ein EDV-Instrukteur mit Neuen, ein Verkäufer mit einem neuen und völlig unerfahrenen und unsicheren Kollegen, eben wie ein Bergführer mit absolut neuen Berggängern, umzugehen.

FAZIT ***Aktiv im F1 führen heißt quasi eine Befehlsausgabe machen mit kurzer Rückfrage, ob verstanden. F1-Führung heißt primär im Aufgabenverhalten agieren.***

HIER-LANG
LANG
WB.

H. Taylor staunt natürlich nicht schlecht über diese straffe Form der Führung, und sie diskutieren dann das weitere Vorgehen. Insbesondere zeigt H. Gordon, was Aufgaben- und Beziehungsverhalten für den Vorgesetzten bedeuten. Dabei geht es H. Gordon auch darum, was einerseits unbedingt zu tun und andererseits, was zu vermeiden ist.

3.1.2 Anweisen – Der Zusammenhang zwischen Aufgaben- und Beziehungsverhalten

Was bedeutet es jetzt im Detail eigentlich konkret, in einem Gespräch aktiv führend, viel Aufgabenverhalten und dafür wenig Beziehungsverhalten zu zeigen? An dieser Stellte macht H. Gordon einen Exkurs. Er teilt H. Taylor mit, daß er ihm schon lange einmal diese Technik einer Gesprächsvorbereitung zeigen wollte. Diese Gesprächsvorbereitung kann innerhalb kürzester Zeit schnell viel Klarheit in ein Gespräch bringen.

Diejenigen Leser, die mit meinen früheren Werken vertraut sind, werden in diesem Abschnitt das eine oder andere schon kennen. Nehmen Sie deshalb das folgende zum Anlaß, Ihre eigene Gesprächseffektivität zu überprüfen!

Viel Aufgabenverhalten	
Zu erreichen	*Zu vermeiden*
Bereiten Sie Ihre Gespräche sauber vor.	Den Mitarbeiter im Unklaren über die Ziele zu lassen.
Geben Sie eindeutige, klare und erklärende Aussagen über die Aufgabe.	Lange und verwirrende Predigten zu halten.
Reden Sie nur über störendes Verhalten der betreffenden Person.	Zu moralisieren und die Persönlichkeit des Mitarbeiters anzugreifen.
Formulieren Sie klare Ziele, und bleiben Sie beim Thema.	Irrelevante Themen einzubeziehen und abzuschweifen.
Diskutieren Sie nicht über Ihr Urteil.	Den Eindruck zu erwecken, daß der Widerstand des Mitarbeiters Ihr Urteil oder Ihre Sanktion ändern kann.
Formulieren Sie Ihre Erwartung an das Verhalten.	Forderungen an die Persönlichkeit oder an den Charakter des Mitarbeiters zu stellen.
Klären Sie jeden offenen Punkt sofort ab.	Unklarheiten
Setzen Sie der Situation und dem Risiko der Aufgabe entsprechende große Kontrolle ein.	Kontrollen anzukündigen und nicht durchzuführen.
Kein Risiko eingehen, das Ziel zu erreichen.	Dem Mitarbeiter die Möglichkeit zu lassen, die Aufgabe eigenverantwortlich zu lösen.

Wenig Beziehungsverhalten	
Zu erreichen	*Zu vermeiden*
Klarheit und wenig Worte.	Plaudereien
Eindeutige Rückmeldung über Verhalten.	Unkritisch zu sein und viel reden zu lassen.
Regeln und zukünftiges Verhalten klar zeigen.	Mit Mitarbeitern über Regeln, Vorgehensweisen oder alternative Möglichkeiten zu diskutieren.
Liniengetreu und eindeutig argumentieren	Weich und nachgiebig zu reagieren.
Bei der Sache bleiben.	Private Themen, wie z.B. Hobbys, anzuschneiden.

Abb. 3.1: Gegenüberstellung von zu erreichenden und zu vermeidenden Muß-Zielen: Eine S1-Situation erfordert straffes und organisiertes Vorgehen.

3.1.3 Anweisen – Der Ablauf des F1-Gespräches

H. Gordon zeigt H. Taylor noch kurz, wie das Gespräch ablaufen soll. Zwar sind die Ziele geklärt, jedoch scheint es eminent wichtig, daß ein gewisser Ablauf gerade in Bezug auf das Aufgaben- und Beziehungsverhalten eingehalten wird.

Ein F1-Gespräch ist immer durch wenig Beziehungsverhalten und dafür viel Aufgabenverhalten gekennzeichnet. Das bedeutet, wenig diskutieren. Der Chef sagt klar, was Sache ist. Ein F1-Gespräch wird immer mit einer klaren Anordnung beendet, die der Vorgesetzte bestimmt. Ein F1-Gespräch kann Disziplinierungsgespräch genannt werden. Es geht darum, das Wollen des Mitarbeiters in Griff zu bekommen. Im F1-Disziplinierungsgespräch legt der Chef fest, wann die Anordnung kontrolliert wird. Dabei geht es um Sanktionen, die dem Mitarbeiter drohen, wenn er sein S1-Verhalten nicht ändert. Viel Aufgabenverhalten und wenig Beziehungsverhalten gegenüber einem Mitarbeiter bedeuten eine große Intervention. Die folgenden Punkte sind eine Unterstützung beim Vorgehen eines F1-Gespräches:

Viel Aufgabenverhalten bedeutet	Wenig Beziehungsverhalten bedeutet
Zeigen Sie Initiative, und nehmen Sie das Heft in die Hand. Setzen Sie ein Mitarbeitergespräch mit genauem Ort und Zeitpunkt fest. Machen Sie präzise die Ursache und das Ziel des Gespräches klar. Zeigen Sie zuerst die Ziele, den Inhalt und den Verlauf des Gespräches auf. Beschreiben Sie dann klar und unmißverständlich die Situation, und definieren Sie klar die Ausgangslage und möglicherweise das Problem. Stellen Sie evtl. Fehlverhalten dar und führen Sie dessen Konsequenzen auf. Geben Sie Ihr Urteil ab, z.B. in einer Ich-Botschaft: „Wenn Sie die Morgenbesprechung nicht durchführen (Verhalten), dann muß ich die Informationen suchen. Das kostet meine Zeit (Wirkung), und das ärgert mich (Gefühl).“ Lassen Sie dem Mitarbeiter kaum Gelegenheit für Widerstand gegen das Urteil des Vorgesetzten.	
	Prüfen Sie, ob Ihre Fakten und Interpretationen stimmen. Suchen Sie nach Verhaltensweisen, die Ihre Fakten bestätigen oder negieren. Korrigieren Sie selber. Fragen und suchen Sie selber nicht nach Rechtfertigungen beim Mitarbeiter! Lassen Sie dem Mitarbeiter nur etwas Spielraum für die eigene Verteidigung. Zeigen Sie, was die Verteidigung Ihrem Urteil nach bedeutet: Sagen Sie, ob Sie die Verteidigung für richtig oder falsch halten.

Machen Sie klar, welches Verhalten sich ändern und verbessern muß. Diskutieren Sie nicht lange, sondern sagen Sie klar, was, wer, wann, wie, etc. zu tun hat.	
	Signalisieren Sie deutlich Ihre positiven Gefühle, wenn der Mitarbeiter Bereitschaft zur Verhaltensänderung signalisiert.
Stellen Sie klar, wo Forderungen verkleinert oder geändert werden könnten.	
	Prüfen Sie selber, ob Ihre Forderungen als Vorgesetzter realistisch und durchführbar sind.
Machen Sie Ihre Sanktionen und Konsequenzen klar. Geben Sie Ihr abschließendes Urteil bekannt.	
	Belobigen Sie Einsicht in die Beurteilung des Vorgesetzten.
Wiederholen Sie, wenn nötig, Ihre Sanktionen. Treffen Sie konkrete Abmachungen.	
	Drücken Sie Ihr Vertrauen aus.
Beenden Sie das Gespräch mit einem positiven Ausblick.	

Abb. 3.2: Das F1-Gespräch beinhaltet hohes Aufgaben- und sehr wenig Beziehungsverhalten: straffer Führungsstil.

H. Taylor ist sichtlich beeindruckt und will gleich losgehen, um das Gespräch mit dem Mitarbeiter zu suchen. H. Gordon bremst jedoch ab und erarbeitet mit ihm die Gesprächsziele (siehe Arbeitsblatt 1 im Anhang 3).

3.1.4 Anweisen – Schwächen und Risiken eines F1-Gespräches

Er erläutert ihm kollegial, daß es eben auch noch die eigenen Schwächen in einem solchen Gespräch zu beachten gilt. Die Schwächen und sich daraus ergebende Risiken eines F1-Gespräches sind in Abb. 3.3 dargestellt.

Schwäche	Risiko
Der Vorgesetzte beginnt bei anderen Fakten und deren Interpretation als der Mitarbeiter. Diese werden im Mitarbeitergespräch nicht klargestellt.	Beide reden einfach aneinander vorbei. Die Beurteilung durch den Vorgesetzten und zukünftige Maßnahmen bleiben im Prinzip für den Mitarbeiter inakzeptabel.
Der Vorgesetzte weckt falsche Erwartungen bezüglich des Zwecks der Diskussion.	Der Mitarbeiter wird verwirrt und bleibt im Gespräch mißtrauisch.
Der Vorgesetzte versagt, die letzten Arrangements und Vereinbarungen zu kontrollieren.	Die Anforderungen des Vorgesetzten scheinen nicht wichtig und werden wiederum unterlaufen. Es droht die Gefahr unerwünschten Verhaltens.
Der Vorgesetzte kritisiert die Persönlichkeit und den Charakter und nicht das Verhalten des Mitarbeiters.	Der Mitarbeiter ist verletzt, mauert oder wird bockig. Die Handlungen und deren Legitimität/Richtigkeit des Vorgesetzten können schwer in Frage gestellt werden.
Der Chef fängt Streit (Lautstärke, Ton!) mit dem Mitarbeiter an, und dieser wird zur Selbstverteidigung getrieben.	Die Diskussion ufert aus und wird emotional und inhaltslos.
Der Vorgesetzte droht nicht ausführbare Sanktionen an oder solche, die keinen Sinn machen.	Die Führungskraft des Vorgesetzten nimmt ab, und seine Machtbasis wird angegriffen.
Der Vorgesetzte vermeidet klare, neue Forderungen, Ziele, Regeln und Abläufe darzustellen.	Der Mitarbeiter weiß nicht, wie er sein Verhalten verbessern oder nicht wieder darin zurückfallen soll.
Der Vorgesetzte versagt, klare Anweisungen zu treffen.	Die Anweisungen des Vorgesetzten werden unterlaufen. Die Gefahr, daß unerwünschtes Verhalten des Mitarbeiters sich wiederholt, droht.

Abb. 3.3: Die Gegenüberstellung von möglichen Schwächen und Risiken hilft und zeigt, wie schnell ein solches Gespräch ins Abseits geraten kann.

Die Gegenüberstellung hilft, eigene Fallen zu verdeutlichen. H. Taylor stöhnt auf, als er die Tabelle sieht. Das könne er doch nie gleich im Gespräch umsetzen. H. Gordon sagt klar, daß es natürlich schwierig sei, alle diese Dinge zu vermeiden. Das gehe gar nicht. Jedoch helfe die Bewußtmachung zur Gesprächsvorbereitung und dem Präzisieren eigener Ziele. Es gehe ja auch nicht darum, alles sofort zu können, sondern nur einmal den großen Rahmen zu sehen. Auch er, H. Taylor hätte jetzt erst einen bestimmten S beim Erlernen des „aktiven Führens“. Er wolle zwar und sei zuversichtlich, jedoch könne er nicht alle mit dem Führen verbundenen Aufgaben. Das bedeutet einen S2 in einigen und S3, S4 in anderen. Deshalb führe er ihn jetzt am Anfang so straff und gebe ihm die klaren und eindeutigen Instruktionen.

Nachdem das Gespräch vorbereitet ist, überzeugt H. Gordon seinen Kollegen, daß das Gespräch gleich geführt werden soll. Danach soll H. Taylor wieder mit H. Gordon über das Ergebnis kurz Rücksprache halten – zur Rückmeldung und Überprüfung des Ablaufes.

H. Taylor meint, daß nach Einschätzung der Lage H. Sol nicht lange in diesem S1-Zustand verweilen werde. Er sei ja bekannt dafür, daß er neue Aufgaben doch gerne und mutig anpacke. Sowie die Bereitschaft, das Wollen und die innere Sicherheit vorhanden seien, bedeute das den Selbständigkeitsgrad S2. H. Gordon rät H. Taylor deshalb, auf diese positiven Signale zu achten – sofort seinen Führungsstil zu verändern. Es wird dann nämlich darum gehen, H. Sol von der Aufgabe zu überzeugen: F2. Ein Termin wird vereinbart, und das Gespräch findet statt.

FAZIT ***Mitarbeiter, die in einer bestimmten Aufgabe S1 sind, müssen straff geführt werden. Klarheit und genügend Beachtung des Mitarbeiters müssen ausgewogen sein.***[1]

[1] Hinweis: Wenn Sie bereits jetzt ein F1-Gespräch führen wollen, gehen Sie bitte ans Ende von Kapitel 3.4.4 zu Aufgabe 3.1.

3.2 Überzeugen

3.2.1 Überzeugen – Grundstruktur F2

Das erste Gespräch mit H. Sol war schwierig. H. Sol zeigte sich immer noch von der unsicheren Seite. Gleichzeitig signalisierte er aber auch eine gewisse Willigkeit – notgedrungen, denn er fürchtete um seinen Kopf. Es wurde klar, daß er noch nicht über die nötigen Kenntnisse für die spezifische Aufgabe „Besprechung durchführen“ verfügte, er konnte es einfach nicht.

Ohne Gesprächsvorbereitung, so H. Taylor, wäre er sicher ein Opfer seiner unsystematischen Vorgehensweise und der Risiken geworden. Es wurde jedenfalls angeordnet, daß die erste Morgenbesprechung mit H. Taylor durchgeführt wurde. Damit hatte H. Taylor Gelegenheit zum Beobachten. Nach der Morgenbesprechung läßt sich H. Taylor von H. Gordon coachen, wie er jetzt weiter vorgehen soll.

H. Gordon erläutert den Führungsstil F2 und die Hintergründe dazu: Der Mitarbeiter kann diese Aufgabe ja immer noch nicht. Er muß deshalb immer noch straff geführt werden. Gleichzeitig verlangt aber die Bereitschaft des Mitarbeiters, seine größere Bereitwilligkeit und seine Zuversicht, daß mehr auf ihn eingegangen wird. Es wird deshalb wichtig, diese Bereitwilligkeit zu nutzen.

Aktiv im F2 führen heißt, die Aufgabe nach wie vor klar definieren und strukturieren. H. Sol wird die Wichtigkeit und Richtigkeit erkennen müssen. F2-Führung heißt, viel Struktur zeigen; gleichzeitig viel auf Fragen und Bedenken des Mitarbeiters eingehen. H. Taylor als Vorgesetzter sagt immer noch H. Sol klipp und klar, wo es lang geht, was er genau machen muß. Wer und mit wem, wie, wieviel, ab wann und bis wann die Aufgaben zu erledigen sind. Allerdings wird in weiteren Gesprächen mit H. Sol besonders dem „Warum“ seiner neuen Führungsaufgabe besondere Beachtung geschenkt. F2 bedeutet, daß der Mensch akzeptiert ist und seine Fragen zur Sache kritisch beantwortet werden. Das Ziel ist nach wie vor die Erfüllung der Aufgabe mit kalkulierbarem Risiko.

FAZIT ***F2 bedeutet, mit Hochmotivierten, jedoch noch keine Ahnung von der Sache Habenden umgehen: ein Lehrmeister mit Azubis, ein EDV-Instrukteur mit Anfängern, ein Verkäufer mit einem zwar Fachfremden aber Bereitwilligen, ein Bergführer mit neuen und zuversichtlichen Berggängern.***

H. Sol hat eindeutige Ziele zu erfüllen. Die Kontrolle wird jetzt weniger streng und der Situation angepaßt gehandhabt. Das bedeutet beispielsweise, daß H. Taylor nicht mehr bei allen Gesprächen von H. Sol zur Wahrnehmung seiner Führungsfunktion dabeisein wird. Für H. Taylor gilt jetzt, daß die Ein-Weg-Kommunikation nicht mehr in Reinkultur gelebt wird: H. Taylor fördert aktiv die Beziehung mit H. Sol. In dieser Stufe ist es wichtig, Verständnis für die Aufgabe zu fördern.

F2: „Aktiv führen" auf der Beziehungsebene heißt, das Vertrauen pflegen, etwas zuhören und gegebenenfalls Rückmeldung geben; Anerkennung und Kritik offen aussprechen, insbesondere beobachten, wie gut die Führungsfunktion in den Besprechungen wahrgenommen wurde. Auf Fragen zur Aufgabe wird eingegangen. Von H. Sol werden die Vorschläge zur Lösung der Aufgabe zwar entgegengenommen, aber noch nicht diskutiert. Zu diesem Zeitpunkt gilt es eben, auf möglichst wenig Risiken einzugehen.

Der Informations- und Instruktionsgehalt der Gespräche zwischen H. Taylor und H. Sol ist nach wie vor sehr groß. Dabei ist die Information auf H. Sol zugeschnitten. Im F2 „aktiv führen" heißt allerdings, nicht nur Anweisungen, sondern auch die Erläuterungen dazu geben. Es gilt zuerst einmal, den Mitarbeiter für seine neue Führungsaufgabe zu gewinnen. Dabei wird Zuversicht signalisiert.

3.2.2 Überzeugen – Der Zusammenhang zwischen Aufgaben- und Beziehungsverhalten

Die wichtige Frage ist jetzt für H. Taylor: Was muß er in einem weiteren Gespräch anders machen? Wie unterscheidet sich vor allem der F2 vom F1? H. Gordon gibt bereitwillig Antwort und nennt die wichtigsten Merkmale. Sie können sie in der folgenden Abbildung sehen.

Bezüglich des Aufgabenverhaltens verändert sich noch nichts. Mit einer großen Ausnahme: Die Kontrolle wird weniger streng und mehr der Situation angepaßt gehandhabt. Das Beziehungsverhalten des Vorgesetzten steigt im S2 an, das Aufgabenverhalten reduziert sich.

Grundsätzlich ist wichtig:

- Der Chef führt das Gespräch aktiv. Er redet in weit über 50% der Zeit.
- Zwei-Weg-Kommunikation: Der Vorgesetzte fördert jetzt aktiv die Beziehung zum Mitarbeiter; es ist ihm wichtig, Verständnis für die Aufgabe zu wecken.
- Ausreden lassen.
- Mehr zuhören.
- Alles, unternehmen, um den Mitarbeiter zu verstehen.
- Vorschläge werden jetzt zwar entgegengenommen, aber noch nicht diskutiert.
- Rückmeldung über positive Signale wird gegeben.
- Anerkennung und Kritik wird offen ausgesprochen.
- Vertrauen geben.
- Mehr Fragen und Diskussionen sind zugelassen.
- Der Mitarbeiter wird nicht einfach unterbrochen, abgewürgt.

- Auf private Themen wird noch nicht eingegangen.
- Nichts anderes tun; mit Körpersprache Offenheit zeigen: Lächeln, Ermunterung, „hm“-sagen, nicken, Zusatzfragen stellen.
- Mit Namen ansprechen.
- Aufrechte und zugewandte Körperhaltung.
- Hände zeigen.

Abb. 3.4: Eine Führungsstilveränderung von F1 zu F2 verdeutlicht sich am meisten im Beziehungsverhalten. Aktiv im F2 führen heißt, nicht nur Anweisungen, sondern auch die Erläuterungen dazu geben und mehr auf den Mitarbeiter eingehen.

Für die Gesprächsvorbereitung gilt bezüglich des Aufgaben- und Beziehungsverhaltens das in Abb. 3.5 Dargestellte.

Viel Aufgabenverhalten	
Zu erreichen	*Zu vermeiden*
Bereiten Sie Ihre Gespräche sauber vor.	Die Mitarbeiter im Unklaren über die Ziele zu lassen.
Geben Sie eindeutige, klare und erklärende Aussagen über die Aufgabe.	Lange und verwirrende Predigten zu halten.
Reden Sie nur über störendes Verhalten der betreffenden Person.	Zu Moralisieren und die Persönlichkeit des Mitarbeiters anzugreifen.
Formulieren Sie klare Ziele, und bleiben Sie beim Thema.	Irrelevante Themen einzubeziehen und abzuschweifen.
Diskutieren Sie nicht über Ihr Urteil.	Den Eindruck zu erwecken, daß der Widerstand des Mitarbeiters Ihr Urteil oder Ihre Sanktion ändern kann.
Formulieren Sie Ihre Erwartung an das Verhalten.	Forderungen an die Persönlichkeit oder an den Charakter des Mitarbeiters zu stellen.

Klären Sie jeden offenen Punkt sofort ab.	Unklarheiten
Setzen Sie der Situation und dem Risiko der Aufgabe entsprechend weniger Kontrolle ein.	Kontrollen anzukündigen und nicht durchzuführen.
Gehen Sie kleine Risiken ein, das Ziel zu erreichen.	Den Mitarbeiter nicht bei jeder Idee abzuwürgen, ohne ihn anzuhören.

Wenig Beziehungsverhalten	
Zu erreichen	*Zu vermeiden*
Klarheit und wenig Worte.	Plaudereien
Eindeutige Rückmeldung über Verhalten.	Unkritisch zu sein und viel reden zu lassen.
Regeln und zukünftiges Verhalten klar zeigen.	Mit Mitarbeitern über Regeln, Vorgehensweisen oder alternative Möglichkeiten zu diskutieren.
Liniengetreu und eindeutig argumentieren.	Weich und nachgiebig zu reagieren.
Bei der Sache bleiben.	Private Themen, wie z.B. Hobbys, anzuschneiden.
Der Chef führt immer noch das Gespräch. Er redet in weit über 50% der Zeit.	Das Gespräch zu hart zu führen.
Interesse für die Aufgabe wecken, wo es geht, z.B. auch über Hobbys zur Aufgabe kommen.	Zuviel Nebenthemen anzuschneiden.
Ausreden lassen und mehr zuhören.	Mitarbeiter das Gespräch führen zu lassen.
Rückmeldung über positive Signale des Mitarbeiters geben.	Zuviel zu loben, bevor der Mitarbeiter Leistung zeigt.

Abb. 3.5: Gegenüberstellung von zu erreichenden und vermeidenden Muß-Zielen: Eine S2-Situation erfordert ein straffes und offenes Vorgehen.

3.2.3 Überzeugen – Der Ablauf des F2-Gespräches

H. Gordon zeigt H. Taylor auch in dieser Situation, wie er das Gespräch aktiv führen wird. Die Ziele sind klar definiert, und der Unterschied im Beziehungsverhalten ist deutlich genug geworden. Ein F2-Gespräch ist immer durch viel Beziehungsverhalten und viel Aufgabenverhalten gekennzeichnet. Das bedeutet, klar sagen, was Sache ist, voll auf den Mitarbeiter in Bezug zur Aufgabe eingehen und wiederum mit einer klaren Abmachung das Gespräch beenden. Der Vorgesetzte sichert und prüft die Abmachungen.

Viel Aufgabenverhalten bedeutet	**Wenig Beziehungsverhalten bedeutet**
Zeigen Sie Initiative, und nehmen Sie das Heft in die Hand. Setzen Sie ein Mitarbeitergespräch mit genauem Ort und Zeitpunkt fest. Machen Sie präzise die Ursache und das Ziel des Gespräches klar. Zeigen Sie zuerst die Ziele, den Inhalt und den Verlauf des Gespräches auf. Beschreiben Sie dann klar und unmißverständlich die Situation, und definieren Sie die Ausgangslage und möglicherweise das Problem. Geben Sie Ihr Urteil ab, z..B. in einer Ich-Botschaft: „Wenn Sie die Morgenbesprechung nicht durchführen (Verhalten), dann muß ich die Informationen suchen. Das kostet meine Zeit (Wirkung), und das ärgert mich (Gefühl).“	
	Lassen Sie dem Mitarbeiter Gelegenheit für Fragen. Prüfen Sie, ob Ihre Beurteilung stimmt. Lassen Sie dem Mitarbeiter Spielraum für die eigene Beschreibung. Gehen Sie auf Fragen des Mitarbeiters nur insofern ein, soweit sie zur Lösung der Aufgabe notwendig sind.

Machen Sie klar, was die nächsten Schritte sind.	
	Signalisieren Sie deutlich Ihr Vertrauen, daß der Mitarbeiter die Aufgabe erfüllen wird, wenn er die notwendigen Schritte einhält. Prüfen Sie selber, ob Ihre Forderungen durchführbar und verstanden sind.
Machen Sie Ihre Sanktionen und Konsequenzen klar, und kündigen Sie Kontrollen an.	
Schließlich: Treffen Sie eine Vereinbarung, was nach dem Erfüllen der Aufgabe zu tun ist.	
	Drücken Sie Ihr Vertrauen aus.
Beenden Sie das Gespräch mit einem positiven Ausblick.	

Abb. 3.6: Das F2-Gespräch beinhaltet hohes Aufgaben- und hohes Beziehungsverhalten.

3.2.4 Überzeugen – Schwächen und Risiken eines F2-Gespräches

H. Taylor ist dieses Mal nicht so spontan und will nicht gleich lossausen. Er fragt vorsichtshalber ab, was sich denn in einem F2-Gespräch für Schwächen und damit Risiken bieten. Die Schwäche und sich daraus ableitende Risiken eines F2-Gespräches sind in Abb. 3.7 dargestellt.

Schwäche	Risiko
Der Vorgesetzte bringt aufgrund der Bereitschaft und Zuversicht des Mitarbeiters nicht alle W's klar an. Er zeigt nicht genügend Struktur im Darstellen der Aufgabe.	Die Maßnahmen werden dem Mitarbeiter nicht klar. Beide reden aneinander vorbei.
Der Vorgesetzte ist offenherzig und geht zuviel auf den Mitarbeiter ein.	Der Mitarbeiter übernimmt die Gesprächsführung, und das Gesprächsziel wird verfehlt.
Der Vorgesetzte versagt, die letzten Arrangements und Vereinbarungen zu kontrollieren.	Die Anforderungen des Vorgesetzten scheinen nicht wichtig, und der Mitarbeiter wird verunsichert.
Der Vorgesetzte lobt zuviel, bevor die Arbeit gemacht ist.	Der Mitarbeiter ist zu selbstsicher und überzeugt. Er sagt nicht, was er nicht versteht oder fängt an, eigenmächtig zu handeln.
Der Vorgesetzte vermeidet, klare Abmachungen zu treffen.	Der Mitarbeiter weiß nicht, was genau tun. Er kann ausweichen und die Augabe nicht klar lösen. Die Anforderungen des Vorgesetzten werden unterlaufen.

Abb. 3.7: Die Gegenüberstellung von möglichen Schwächen und Risiken hilft und zeigt, wie schnell ein solches Gespräch ziellos oder zu weich geführt werden kann.

Wiederum gelten auch hier die schon aufgezeigten Schwächen des S1-Gespräches. H. Taylor wird noch nachdenklicher, aber er erhält wiederum die gleiche Aufmunterung von H. Gordon: Der Überblick hilft, und es muß nicht alles auf einmal gemacht werden. H. Gordon bereitet zusammen mit H. Taylor das Gespräch vor (Arbeitsblatt 2 im Anhang 3).

Nachdem das Gespräch vorbereitet ist, soll dieses auch durchgeführt werden. H. Taylor merkt an, daß H. Sol jetzt den großen Schritt machen muß. Er muß jetzt zum Können qualifiziert werden, denn lange kann dieser S2-Zustand nicht mehr ohne Schaden für das Team aufrechterhalten werden.

FAZIT ***Im Gegensatz zum F1-Gespräch sucht der Vorgesetzte den Mitarbeiter vom Sinn der Aufgabe zu überzeugen und geht mehr auf ihn ein. Allerdings gibt der Vorgesetzte auch hier nicht das Heft aus der Hand.***

Das nächste Gespräch mit H. Taylor fand erst am nächsten Tag statt. Dieses Mal gab es wirklich „gute Neuigkeiten". H. Sol hatte seine Sache einigermaßen gemacht und genau den Plan und den Vorschlag von H. Taylor übernommen. Zusammen sprechen H. Gordon und H. Taylor die Situation durch.

H. Sol brachte sogar noch zusätzliche Anregungen aus der Besprechung mit. Allerdings zeigte sich nach wie vor eine gewisse Unsicherheit. H. Sol wußte nicht genau, wie er auf die üblichen Spitzen von Kollegen reagieren sollte. Er hatte sich in seiner Haut nicht so recht wohl gefühlt. Vor allem als er einige recht harte Arbeitsanweisungen an Kollegen weitergeben sollte. Immerhin: Die S3-Situation war jetzt erreicht. Dabei ist es wichtig, viel Selbstvertrauen zu geben. H. Gordon erläutert zuerst die Kennzeichen des S3.

3.3 Beraten

Wenn der Mitarbeiter, H. Sol, überzeugt ist und die Führungsaufgabe weiter anpacken will, obwohl er sie noch nicht kann, kommt ein entscheidender Schritt: Irgendwann wird H. Sol die Aufgabe meistern. Er wird die spezielle Führungsaufgabe „Morgenbesprechung durchführen" können. In der Regel wird er aber noch am Anfang unsicher sein oder sich einfach wehren, sie überhaupt zu machen. Dann wird er die Selbständigkeit S3 haben. S3 bedeutet, daß das Wissen und Können für die Aufgabe vorhanden sind, nur der Antrieb, die Aufgabe anzupacken oder die Sicherheit für die Durchführung fehlen.

3.3.1 Beraten – Grundstruktur F3

H. Gordon bemerkt lächelnd: „Nun wird es für Sie schwieriger, H. Taylor. Ich weiß ja, daß Sie auch gerne alles selber machen. Sie kontrollieren gerne, und die hohe Leistung in manchen Bereichen ist genau das Ergebnis Ihres Engagements für Ihre Führungskräfte. Sie können allerdings nicht alles selber machen. Irgendwann muß H. Sol schließlich die Aufgabe alleine machen."

Das Ziel ist nach wie vor klar: erfolgreich die „Morgenbesprechung durchführen". Jetzt wird im Führungsstil F3 vor allem die Beziehung zu H. Sol gepflegt: Seine Fragen, Bedenken, Unsicherheiten werden diskutiert. Ab jetzt wird H. Sol das Gespräch bestimmen. H. Sol muß die Gelegenheit haben seine Probleme mitzuteilen. „Sie werden jetzt Berater von H. Sol in dieser spezifischen Aufgabe. Wie jeder Berater müssen Sie vor allem eines können: Zuhören!"

Im F3 „Aktiv Führen" bedeutet, daß die Aufgabe klar ist. Momentane Schwierigkeiten sind noch auszuräumen. Das Ziel ist die Verbesserung der Beziehung, damit die Aufgabe erledigt wird.

FAZIT ***F3 – Beraten bedeutet für Sie als Vorgesetzter mit Könnern und Verunsicherten oder Unwilligen umgehen: ein Meister mit Fachspezialisten, die ein Problem erkannt haben, ein EDV-Instrukteur mit unzufriedenen alten Hasen, ein Verkäufer mit einem Erfahrenen aber momentan Verunsicherten, ein Bergführer mit Erfahrenen aber momentan verunsicherten oder müden Berggängern.***

Der Vorgesetzte muß sich im F3 bezüglich Aufgabenverhalten stark zurücknehmen. Der Mitarbeiter weiß in der Selbständigkeit S3, wie es geht. Zu viele vorgegebene Strukturen und Definitionen killen hier jede Diskussion. Wenn der Vorgesetzte hier viel vorgibt, wenn er viel redet, bremst das das geringste Mitteilungsbedürfnis des Mitarbeiters. Dann erfährt der Vorgesetzte nie und nimmer, wo Probleme des Mitarbeiters liegen.

Gegebenenfalls heißt F3 auch Rückmeldung (Anerkennung und Kritik) offen aussprechen. Berater sein heißt, bei empfindlichen Stellen nachfragen. Berater sein heißt: Auf alle Fragen eingehen und damit vor allem Vertrauen geben.

Viel Beziehungsverhalten im F3 bedeutet, daß für H. Taylor als Vorgesetzten wichtig ist zu erfahren, was H. Sol denkt und empfindet. Große Unterstützung, die auf die wachsende Sicherheit oder größere Bereitwilligkeit zielt, ist angebracht. Es kann zu langen Dialogen kommen. Über Sinn und Wert der Aufgabe wird diskutiert, denn das hilft, die Bedenken des H. Sol auszuräumen. Sie als Vorgesetzter fördern von sich aus aktiv die Beziehung zu H. Sol und tun alles, um ihn zu verstehen.

Neue Vorschläge von H. Sol müssen sofort diskutiert werden. Vielleicht hat er zusätzliches Wissen, was Ihnen nicht zugänglich ist. Vielleicht hat er neue Ideen, die wichtig sein können. Er weiß ja, wie die Aufgabe jetzt geht, und darum wird er bestimmt neues entwickeln. Bei einem S3-Mitarbeiter darf sich kein Vorgesetzter vor dessen Gedanken und Ideen verschließen. Das hat in der Regel fatale Konsequenzen. Andererseits können jetzt auch Fragen angeschnitten werden. Beispielsweise solche, die das Verständnis des Mitarbeiters aus anderen Zusammenhängen beinhalten. Aber gerade in der Diskussion werden die Bedenken oder Unsicherheiten von H. Sol verarbeitet.

Mit einem F3 werden natürlich auch größere Risiken eingegangen. Im F3 „Aktiv Führen" heißt, besonders viel zur Vertrauenspflege Notwendiges machen. Die Kontrolle spielt nur noch eine untergeordnete Rolle. Sie wird höchstens der Situation angepaßt gehandhabt.

Nach der Morgenbesprechung läßt sich H. Taylor von H. Gordon deshalb nochmals coachen, wie er jetzt weiter vorgehen soll. Er hofft, es ist das letzte Mal, denn diese Gespräche sind doch zeitintensiv.

Der Mitarbeiter kann diese Aufgabe. Er muß nur noch locker geführt werden. Gleichzeitig verlangt aber die Unsicherheit des Mitarbeiters, die Zuhörfähigkeit des Vorgesetzten.

Die wiederum zentrale Frage ist jetzt für H. Taylor: Was muß ich jetzt im Gespräch anders machen? Wie unterscheidet sich der F3 vom F2?

Der wichtigste Unterschied ist die gewaltige Rücknahme im Aufgabenverhalten. Das Beziehungsverhalten bleibt in etwa gleich groß, obwohl sich die Schwerpunkte jetzt ändern: Das Ziel ist, mehr Sicherheit geben. H. Gordon nennt die wichtigsten Merkmale. Zur Ergänzung des in Abb. 3.6 Dargestellten kommt jetzt das Folgende in Abb. 3.8 und Abb. 3.9 hinzu. Jetzt ist deutlich weniger Aufgabenverhalten angebracht.

3.3.2 Beraten – Der Zusammenhang zwischen Aufgaben- und Beziehungsverhalten

Das Beziehungsverhalten des Vorgesetzten zeichnet sich im F3 aus:

- Grundsätzlich ist jetzt wichtig: Der Mitarbeiter führt das Gespräch und redet in weit über 50% der Zeit und nicht mehr der Vorgesetzte.
- Zwei-Weg-Kommunikation: der Vorgesetzte unterstützt den Mitarbeiter; es ist ihm wichtig, Sicherheit für die Aufgabe zu geben.
- Viel zuhören.
- Er unternimmt alles, um den Mitarbeiter zu verstehen.
- Vorschläge werden jetzt diskutiert; wenn der Mitarbeiter die Aufgabe kann, dann wird er auch sichere Gründe dafür haben.
- Viel Rückmeldung: Anerkennung und Kritik.
- Fragen und Diskussion zum „wie“ bestimmen die Diskussion.
- Private Themen können mit eingeführt werden; sie verbessern das Gesprächsklima.
- Keinesfalls etwas anderes tun. Mit Körpersprache Offenheit, vor allem Ruhe ausstrahlen.

Abb. 3.8: Eine Führungsstilveränderung von F2 zu F3 verdeutlicht sich am meisten im Beziehungsverhalten. Aktiv im F3 zu führen heißt, keinerlei Anweisungen mehr zu geben, es werden nur noch die Bedenken, Unsicherheiten und Unwilligkeiten des Mitarbeiters aufgenommen. Der Vorgesetzte übernimmt Beratungsfunktion.

H. Gordon und H. Taylor besprechen rasch die Mußziele für das nächste Gespräch. Nochmals betont H. Gordon die Verringerung des Aufgabenverhaltens. Am wenigsten ändert sich im Beziehungsverhalten. Das verdeutlicht die Gegenüberstellung von Muß-Zielen, die zu erreichen und zu vermeiden sind. Sie zeigt bei einer S3-Situation ein offeneres Vorgehen an. Wir geben hier wiederum auch den Beziehungsteil und Aufgabenteil wieder, obwohl er Wiederholungen enthält. Aufgezeichnet wird alles in Aufgabenblatt 3 (Anhang 3).

Wenig Aufgabenverhalten	
Zu erreichen	*Zu vermeiden*
Bereiten Sie Ihre Gespräche sauber vor. Lassen Sie aber Luft für den Mitarbeiter.	Zuviel Struktur und Definitionen zu erläutern.
Geben Sie nur das Ziel bekannt. Über die anderen W-fragen (was, wer, womit, wie, wie lange, mit wem, wo) soll der Mitarbeiter entscheiden.	Lange und verwirrende Monologe darüber zu führen, wie Sie jetzt in dieser Situation vorgehen würden.
Unterstützung für die Aufgabe anbieten, wenn er will.	Selber sofort Vorschläge zur Lösung zu machen, wenn ein Problem auftaucht.
Formulieren Sie Ihre Ziele, und lassen Sie das den Mitarbeiter ebenfalls tun. Gehen Sie unbedingt auf Ziele, Fragen, Bedenken, Anregungen des Mitarbeiters ein.	Fragen zu ignorieren.
Reduzieren Sie die Kontrolle auf das Notwendige, und lassen Sie den Mitarbeiter Vorschläge machen.	Den Mitarbeiter über Kontrollen zu bevormunden.
Gehen Sie kalkulierbare Risiken ein, um das Ziel zu erreichen.	Ideen des Mitarbeiters unbeachtet zu lassen.

Viel Beziehungsverhalten	
Zu erreichen	*Zu vermeiden*
Klarheit und viel Beitrag durch den Mitarbeiter	Eigene Lieblingsthemen aufzubringen und den Mitarbeiter abzulenken.
Offen und unkritisch sein und den Mitarbeiter viel reden lassen.	Destruktive Kommentare abzugeben: Kenne ich, wollen wir nicht etc.
Mit dem Mitarbeiter über seine Probleme reden.	Selber fertige Lösungen zu bringen.
Weich und nachgiebig reagieren.	Desinteressiert auf Ideen zu reagieren.
Bei Stockungen am Anfang: die privaten Themen des Mitarbeiters, wie z.B. Hobbys, anschneiden.	Floskeln
Ausreden lassen und viel zuhören.	Das Gespräch zu dominieren.
Viel Anerkennung zeigen, wenn die Leistung stimmt.	Berechtigte Anerkennung nicht auszusprechen.
Stellen Sie Ihre Urteile zur Diskussion.	
Den Widerstand abblocken. Machen Sie miteinander Entscheidungen und Beurteilungen, und finden Sie einen Kompromiß.	
Formulieren Sie Ihre Erwartung an das Verhalten. Bleiben Sie offen, ob der Mitarbeiter darauf eingeht.	Persönliche Kritik, Schuldzuweisungen vorzunehmen.
Lassen Sie die Diskussion laufen, wie es der Mitarbeiter will.	Straff zu führen und nur auf Punkte zurückzukommen, die für Sie selber wichtig sind.

Abb. 3.9: Die Gegenüberstellung von Muß-Zielen, die zu erreichen und zu vermeiden sind, zeigt bei einer S3-Situation gegenüber dem Mitarbeiter ein offenes Vorgehen an.

3.3.3 Beraten – Der Ablauf des F3-Gespräches

H. Gordon zeigt auch in dieser Situation H. Taylor grob, wie das Gespräch ablaufen sollte. Allerdings ist eine große Strukturierung nicht mehr möglich, da das Gespräch ja vor allem vom Mitarbeiter geführt wird.

Das F3-Gespräch ist durch viel Beziehungs- und wenig Aufgabenverhalten gekennzeichnet. Das bedeutet für Herrn Taylor, voll auf den Mitarbeiter einzugehen. Die Abmachungen im Gespräch werden durch einen Kompromiß und Konsens erreicht.

Wenig Aufgabenverhalten bedeutet	**Viel Beziehungsverhalten bedeutet**
Zeigen Sie kurz Initiative und regen Sie ein Mitarbeitergespräch an. Vereinbaren Sie den Termin. Stellen Sie kurz die Ursache, das Ziel, die Ausgangslage und mögliche Probleme dar.	
	Bitten Sie dann den Mitarbeiter um Stellungnahme. Bitten Sie ihn, bei Unsicherheiten Ihnen Fragen zu stellen. Lassen Sie dem Mitarbeiter viel Spielraum für seine Beschreibung. Beantworten Sie alle Fragen des Mitarbeiters. Geben Sie Anerkennung, wo diese angebracht ist. Bitten Sie den Mitarbeiter um Vorschläge, wie eine Abmachung aussehen könnte. Hören Sie geduldig den Ausführungen zu. Signalisieren Sie Ihr Vertrauen. Entscheiden Sie sich, ob der Vorschlag annehmbar ist.

Schließlich: Treffen Sie eine Vereinbarung, was nach dem Erfüllen der Aufgabe zu tun ist. Beenden Sie das Gespräch.	

Abb. 3.10: Das F3-Gespräch zeichnet sich durch geringes Aufgaben- und hohes Beziehungsverhalten aus.

3.3.4 Beraten – Schwächen und Risiken eines F3-Gespräches

H. Taylor ist dieses Mal erfreut. Das wird ja immer weniger aufwendig! Trotzdem fragt er ab, was für Risiken in einem F3-Gespräch lauern. Schwächen und sich daraus ergebende Risiken eines F3-Gespräches sind in Abb. 3.11 dargestellt.

Schwäche	**Risiko**
Der Vorgesetzte überschüttet den Mitarbeiter mit zuviel W's. Er zeigt zuviel Struktur im Darstellen und Klären der Aufgabe.	Der Mitarbeiter kommt sich dumm vor, da er doch weiß, wie die Aufgabe geht. Er wird sauer und fängt Streit an oder macht einfach, was er will und wird seine Unsicherheiten im Gespräch nicht los.
Der Vorgesetzte geht zuwenig auf den Mitarbeiter ein.	Der Vorgesetzte dominiert die Gesprächsführung, und das Gesprächsziel wird verfehlt.
Der Vorgesetzte verzichtet darauf, die letzten Abmachungen kurz zu überprüfen.	Die Ziele des Vorgesetzten scheinen nicht wichtig.
Der Vorgesetzte anerkennt zu wenig.	Der Mitarbeiter bleibt verunsichert. Er sagt nicht, wo er Probleme hat.
Der Vorgesetzte vermeidet, einen Konsens zu suchen.	Der Mitarbeiter fühlt sich überfahren.

Abb. 3.11: Die Gegenüberstellung von möglichen Schwächen und Risiken zeigt, wie schnell ein solches Gespräch vom Vorgesetzten falsch dominiert werden kann.

Nachdem das Gespräch vorbereitet ist, soll dieses durchgeführt werden. H. Taylor merkt an, daß H. Sol jetzt hoffentlich den nächsten großen Schritt macht und die Aufgabe sicher alleine lösen wird. Er werde schließlich feststellen, so H. Gordon, daß der Mitarbeiter H. Sol keinerlei Unsicherheiten bei dieser spezifischen Führungsaufgabe „Mitarbeitergespräche aktiv führen“ mehr hat. Dann sei die nächste Selbständigkeit „S4“ erreicht. Die Führung dieses Mitarbeiters werde für ihn einfacher, er kenne dies übrigens von der Führung der Vorgängerin. Er könne ihn jetzt F4 aktiv führen und die Aufgabe einfach delegieren.

FAZIT ***Im Führungsstil F3 aktiv zu führen bedeutet, dem Mitarbeiter mehr Berater und Begleiter sein, ihm helfen, Probleme eigenverantwortlich zu lösen.***

3.4 Delegieren

3.4.1 Delegieren – Grundstruktur F4

Das nächste Gespräch mit H. Taylor zum Thema H. Sol fand einige Tage später per Zufall statt. H. Gordon sprach H. Taylor deswegen an. H. Taylor wollte kurz abblocken, aber H. Gordon ließ nicht locker.

Es war offensichtlich, daß H. Sol sich wirklich außerordentlich entwickelt hatte. Er hatte seine Sache sehr gut gemacht. Er handelte genau nach den vereinbarten Vorschlägen und hatte auch viele eigene Ideen. H. Taylor mußte sich überhaupt nicht mehr darum kümmern, dringende Probleme in Projekten zu betreuen. Zusammen sprechen H. Gordon und H. Taylor die Situation durch.

H. Gordon macht eine Bemerkung, die H. Taylor stutzig macht: „Wie lange, glauben Sie, macht H. Sol diese Aufgabe weiter so gut? Gerade

"DELEGIEREN, DELEGIEREN", HEISST MEINE DEVISE!
OH
WB.

weil er noch so neu in seiner Führungsaufgabe ist? Mir scheint, Sie haben ihn einfach so sich selber überlassen? Da, wo Sie ihn dringend brauchten, hatten Sie jeden Tag Zeit. Jetzt nehmen Sie nicht einmal mehr die regelmäßigen Abteilungsbesprechungen wahr, wo alles gut läuft." H. Taylor muß recht geben, so sei das halt im Tagesgeschäft. H. Gordon meint, daß das auch nicht weiter schlimm sei. Aber: „Wenn Sie wieder etwas von H. Sol brauchen, und Sie üben wieder viel Druck aus, müssen Sie mit Widerstand rechnen, weil Sie ihn jetzt einfach so sich selber überlassen. Es geht darum, die Beziehung zu pflegen. Dann kommt es einfach zu weniger Störungen!" Die jetzt wichtige Frage ist für H. Taylor: Was muß er jetzt machen? Wie unterscheidet sich der F4 vom F3?

Der wichtigste Unterschied ist die gewaltige Rücknahme im Beziehungsverhalten. Das Ziel ist jetzt einfach, immer wieder mal nachsehen, ohne eine große Diskussion durchzuführen. Der Mitarbeiter sollte das Gefühl haben, es ist jemand da, der bei Bedarf geholt werden kann.

Im F4 „Aktiv Führen" bedeutet, daß die Aufgaben und die Ziele klar sind und Einigkeit über das Vorgehen herrscht. Es gibt keinerlei Probleme in der Beziehung. Sogenannte „Leichen im Keller" werden erst gar nicht abgelagert. Im F4 führen bedeutet enorm wenig Zeit für Führungsaufgaben aufwenden müssen (was Sie alleine an der Länge dieses Abschnittes sehen!). Für den Chef ist es die reine Lust, aktiv zu führen. Sie als Vorgesetzte oder Vorgesetzter haben dann Zeit, sich anderen Mitarbeitern oder eigenen Aufgaben zu widmen.

FAZIT ***F4 bedeutet, als Vorgesetzter mit Könnern und sicheren Mitarbeitern umgehen, wie ein Meister mit Gesellen, ein Verkäufer mit einem anderen Profi, ein Bergführer mit erfahrenen Berggängern umgeht.***

3.4.2 Delegieren – Der Zusammenhang zwischen Aufgaben- und Beziehungsverhalten

H. Gordon und H. Taylor besprechen rasch die Mußziele für das nächste Gespräch. Nochmals betont H. Gordon die zusätzliche Verringerung des Beziehungsverhaltens.

Wenig Aufgabenverhalten	
Zu erreichen	*Zu vermeiden*
Kurz fragen, wie die Aufgabe läuft.	Kontrolle
Offenes Gespräch.	Keinerlei Struktur vorzugeben.
Unterstützung für die Aufgabe anbieten, wenn er will.	Selber viele Vorschläge zur Lösung zu machen, wenn ein Problem auftaucht und/oder Probleme zur Sprache zu bringen, die noch nicht vorhanden sind.
Gehen Sie unbedingt auf Ziele, Fragen, Bedenken, Anregungen des Mitarbeiters ein.	Zuviel zu reden.

Wenig Beziehungsverhalten	
Zu erreichen	*Zu vermeiden*
Themen des Mitarbeiters oder eigene Themen ansprechen und diskutieren.	Künstlich freundlich zu sein.
Offen sein.	Unqualifizierte Kommentare abzugeben.
Mitarbeiter reden lassen.	Mitarbeiter laufend zu unterbrechen.
Je nach Situation: Entweder führt der Mitarbeiter oder ich das Gespräch.	Nur als Aushorcher zu kommen.
Anerkennung zeigen.	Anerkennung nicht auszusprechen.
Auch zufällig vorbeikommen.	Eindruck: Er kommt ja nur, wenn es nicht funktioniert.

Stellen Sie Ihre Urteile zur Diskussion. Machen Sie ihm klar, daß Sie miteinander Entscheidungen und Beurteilungen und einen Kompromiß finden werden.	Den Widerstand Ihres Mitarbeiters abzublocken.
Lassen Sie die Diskussion laufen, wie es der Mitarbeiter will.	Straff zu führen.

Abb. 3.12: Die Gegenüberstellung von Muß-Zielen, die zu erreichen und zu vermeiden sind, zeigt bei einer S4-Situation gegenüber dem Mitarbeiter ein offenes Vorgehen an.

3.4.3 Delegieren – Der Ablauf des F4-Gespräches

Das F4-Gespräch ist durch wenig Beziehungs- und wenig Aufgabenverhalten gekennzeichnet. Einfach voll auf den Mitarbeiter eingehen. Es gibt Abmachungen zwischen Partnern, keine Befehle. Es gibt eine Bestätigung, daß alles ok ist.

Wenig Aufgabenverhalten bedeutet	**Wenig Beziehungsverhalten bedeutet**
Fragen Sie kurz, ob alles in Ordnung ist.	
	Fragen Sie den Mitarbeiter, ob etwas Offenes vorliegt. Beantworten Sie alle Fragen des Mitarbeiters. Geben Sie Anerkennung, wo sie angebracht ist. Hören Sie zu.
Beenden Sie das Gespräch.	

Abb. 3.13: Das F4-Gespräch dient dem Aufrechterhalten der Beziehung.

3.4.4 Delegieren – Schwächen und Risiken eines F4-Gespräches

H. Taylor sieht die Gefahr, gute Mitarbeiter einfach zu vergessen. Andererseits wird die Beziehung so gepflegt, daß H. Sol weiß, daß er bei Problemen jederzeit zum Chef kommen kann. Die Beziehung darf sich aber niemals auf Null reduzieren. Evtl. reicht dazu ein kurzes Gespräch oder ein kurzer Besuch innerhalb des Verantwortungsbereiches. Fragen, Bedenken, Unsicherheiten wird es für diese Aufgabe kaum welche geben. Wenn diese vorhanden sind, können sie schnell ausdiskutiert werden. Die Kontrolle findet nur gelegentlich statt und wird i.d.R. vom Mitarbeiter selber wahrgenommen.

Schwäche	**Risiko**
Der Vorgesetzte überschüttet den Mitarbeiter mit zuviel W's. Er zeigt zuviel Struktur im Darstellen und Klären der Aufgabe.	Der Mitarbeiter kommt sich dumm vor.
Der Vorgesetzte verliert den Mitarbeiter aus den Augen.	Der Mitarbeiter fühlt sich ignoriert.
Der Vorgesetzte anerkennt zu wenig.	Der Mitarbeiter wird verunsichert.

Abb. 3.14: Die Gegenüberstellung von möglichen Schwächen und Risiken zeigt, wie schnell der Vorgesetzte den Mitarbeiter aus den Augen verliert.

FAZIT ***Der delegierende Führungsstil F4 setzt klares Verständnis zwischen den Partnern voraus. Er braucht wenig Zeit. Ein Risiko ist jedoch, daß der Mitarbeiter aus den Augen verloren wird.***

Jetzt, liebe Leserin und lieber Leser, haben Sie selber die Möglichkeit zur Umsetzung.

Aufgabe 3.1: F4-, F3-, F2, F1-Gespräch führen.

Überprüfen Sie am Schluß dieses Gespräches Ihren Erfolg:
Haben Sie Ihr Gesprächsziel erreicht?

Welche Selbständigkeit hatte der Mitarbeiter tatsächlich?

Welche(n) Führungsstil(e) wandten Sie an?

Welche der vorliegenden F's machten Ihnen am meisten Mühe?

Wo haben sich in dem Gespräch Schwierigkeiten beim Konzept des „Aktiven Führens" gezeigt?

Einige grundsätzliche Bemerkungen seien an dieser Stelle noch gemacht:

- Wenn eine gewisse Notsituation oder sogenannte Feuerwehrsituation herrscht, großer Zeitdruck besteht, dann ist selbst bei sehr selbständigen Mitarbeitern viel diskutieren keine optimale Lösung. In dieser Situation gilt die Einschränkung, daß der angemessenste Führungsstil nicht mehr dem Selbständigkeitsgrad entsprechen kann. Der Chef muß statt dessen in dieser Situation sehr schnell sagen, wo, was, wie, von wem und bis wann getan werden muß. Er sitzt dann an der Schaltstelle, besitzt hoffentlich alle Informationen und kann nur darum besorgt sein, den Notfall oder die Krise so schnell wie möglich zu lösen.
- Wenn ein Unternehmen allerdings immer so geführt wird, als ob es in einer Krise stecken würde, dann wird eine Krise sehr schnell auftreten: Viele Besprechungen leiden gerade unter einem Mißverhältnis zwischen der Selbständigkeit der Mitarbeiter und dem Führungsstil. Wenn diese zu weit auseinanderklaffen, dann gibt es zwangsläufig Probleme, und zwar je länger, desto mehr. Viele Führungssituationen werden von Anfang bis Ende in einem straffen

Stil durchgezogen, obwohl das Können und Wollen (die Selbständigkeit) der Mitarbeiter von einer Aufgabe zur anderen stark variiert. Das Ziel kann es ja nur sein, daß der Chef auf immer größere Selbständigkeit vertrauen kann und nicht mehr immer alles selber prüfen muß.

- Sowohl das Aufgaben- als auch das Beziehungsverhalten dürfen bei den Führungsstilen nie auf Null zurückgenommen werden.

Nachdem jetzt alle vier Führungsstile im Detail bekannt sind und Sie sie selber auch erlebten, geht es noch tiefer in die Führungspraxis. Dazu werden Ihnen im folgenden Kapitel einige wichtige Hilfsmittel gezeigt. Ich werde Sie auch auf mögliche Fehler aufmerksam machen, denen wir typischerweise zum Opfer fallen.

4 Wie bringen Sie sich und Ihre Mitarbeiter voran?

4.1 Verbale und nicht-verbale Kommunikation unterscheiden

Wir unterscheiden zwischen verbaler und nicht-verbaler Kommunikation. Bei verbaler Kommunikation tauschen wir Information durch das gesprochene oder geschriebene Wort aus. Hier sind einige konkrete Hilfen.

4.1.1 Das gesprochene Wort

Eine Szene aus unserem Team: Herr Taylor erzählt, als er aus der Sitzung kommt, einem Kollegen: „Heute hatten wir mit Herrn Kurth eine Besprechung. Es ging ihm offensichtlich gleich zu Beginn der Sitzung nur darum, andere schlechtzumachen. Wir haben ihm wenig widersprochen, aber er wollte nur streiten. Dann fing er an zu brüllen und ist im Gesicht rot geworden. Einige konnten sich das Lachen nicht verkneifen, aber meine Kollegin war durch das Schreien hinterher ganz zitterig.“

Gerade Mitarbeitern gegenüber kann schon durch lautes Sprechen oder körperlich drohendes Gebaren deren Mitteilungsbedürfnis entscheidend gebremst oder sogar gestoppt werden. Das wissen Mitarbeiter oft besser als Chefs.

MAN ERKENNT SOFORT, DASS ER EINEN KURS FÜR NONVERBALE KOMMUNIKATION MITGEMACHT HAT, NICHT WAHR?
OH
WB.

Die folgenden Punkte sind Hilfen:

- Finden Sie eine angemessene Lautstärke: Wenn zu laut gesprochen wird, erschrickt der Partner, und Sie werden nie erfahren, was im anderen tatsächlich vorgeht. Durch das nicht drohende Variieren der Lautstärke können Sie die Aufmerksamkeit leichter fesseln.
- Achten Sie auf ein ruhiges Sprechtempo in Abhängigkeit vom Inhalt. Das vermittelt dem Zuhörer Ihre Sicherheit.
- Legen Sie Sprechpausen ein. Der Zuhörer braucht Pausen zum Nachdenken. Wenn Sie sie ihm nicht gönnen, nimmt er inhaltlich nur die Hälfte mit.
- Verwenden Sie gerade Ihrem Mitarbeiter gegenüber eine verständliche Ausdrucksweise. Wenn Sie Fremdwörter benutzen und er diese nicht versteht, wird er sich noch minderwertiger vorkommen.
- Fassen Sie am Schluß einer Diskussion mit Ihrem Mitarbeiter das Wichtigste zusammen. Das erleichtert die Standortbestimmung.

4.1.2 Gesten, Körperhaltung, Gesichtsausdruck

Nicht-verbale Kommunikation ist ein faszinierendes Gebiet. Ganz sicher drücken Gesten mit den Gliedmaßen (Kopf, Finger, Hände, Arme und Füße), eine bestimmte Körperhaltung und Gesichtsausdruck sowohl Sicherheit, Übereinstimmung mit dem Kommunikationspartner als auch innere Unruhe, Unzufriedenheit und Ärger aus.

Einige Beispiele für die nicht-verbale Kommunikation:

- Aufrechte Haltung signalisiert dem Gesprächspartner Sicherheit und hilft dem Sprechenden, den Überblick zu bewahren. Es ist wie beim Bergsteigen: Je weiter Sie von der Wand weg sind, desto mehr Kletterwege sehen Sie.
- Blickkontakt signalisiert dem Gesprächspartner Offenheit und Interesse. Sie sehen Reaktionen auf das Gesagte. Sie können schneller nachhaken.

- Äußere Ruhe signalisiert innere Ruhe und überträgt sich auf Ihren Gesprächspartner. Die Erfahrung zeigt, daß jeder eine gewisse innere Unruhe hat. Diese wird von anderen gar nicht so deutlich wahrgenommen. Sie erzeugen jedoch, wenn Sie sich unruhig verhalten, Hektik.

Allerdings ist ein Risiko da. Die Einstellung: „Ich darf mich so und so nicht verhalten!“ kann sehr viel Energie kosten, weil sie immer auf das Vermeiden gerichtet ist.

Gegenüber Mitarbeitern kommt als besonderer Faktor hinzu: Sie sind als Vorgesetzter den Mitarbeitern in der formalen Autorität überlegen, obwohl Sie selber nicht einmal drohend wirken wollen. Vorgesetzte können deshalb aufgrund der körperlichen Sprache signalisieren, daß der Mitarbeiter einfach unterlegen ist.

4.2 Konflikte

Liebe Leserinnen und Leser, in den bisherigen Kapiteln haben Sie mit und durch uns erfahren, Ihren Mitarbeiter richtig einzuschätzen. Sie wissen über die Stärken und Schwächen Bescheid und können Ihre Mitarbeiter situativ und aktiv führen.

Allerdings können Probleme häufig nicht im stillen Kämmerchen bewältigt werden. Hier gilt das Motto:

GEMEINSAM statt EINSAM.

Dafür müssen wir stets mit anderen – unseren Mitarbeitern, den Partnern – kommunizieren, d.h. verbunden sein. Dieses Kapitel beschäftigt sich mit den für Sie wichtigen Spielregeln beim Kommunizieren. Ich zeige Ihnen, wie Sie schwierige Gespräche vorbereiten, trainieren und wirksamer durchführen können.

4.2.1 Problem: Kommunikationssperren

Wieder einmal begegnen wir unseren Kollegen: H. Taylor ist tiefer in das Problem Führung eingedrungen. Mit Begeisterung akzeptiert er eine weitere Gesprächsrunde mit seinem „Coach“. Als er um 15.50 Uhr in das Büro von H. Gordon tritt, voller Erwartung, freudig, etwas unsicher und mit vielen Fragen im Hinterkopf, wird er von diesem unwirsch angefahren: „Warum kommen Sie denn jetzt schon; ich habe Sie doch erst auf 16.00 Uhr bestellt!“ Erschrocken weicht er zurück, ist sich einer Verfehlung nicht direkt bewußt. Da lächelt der Personalchef und klärt sein Verhalten auf: „Dieses kleine Spiel sollte uns zu unserem heutigen Thema führen: Kommunikationssperren vermeiden.“

Herr Gordon bat H. Taylor bereits früher, genauer zu dokumentieren, wenn er das Gefühl hat, etwas sei in einem Gespräch schief gelaufen. Taylor schildert eine Situation, die er in den letzten Tagen mit einem seiner Mitarbeiter erlebt hat.

H. Maier: H. Taylor, ich wollte mit Ihnen wegen der letzten Projektsitzung reden.

H. Taylor: Ich weiß schon! Ich habe eigentlich erwartet, daß Sie früher zu mir kommen. O.k., sagen Sie, was los ist.

H. Maier: ähhh . . . , ich konnte nicht, aber das ist ja egal. Also . . . . .

H. Taylor: (unterbricht!) Wieso egal? Mir sind Ergebnisse wichtig! Sie scheinen diese Aufgabe nicht sehr wichtig zu nehmen! Ich hätte wirklich mehr von Ihnen erwartet! Ich habe Ihnen schon hundertmal gesagt, daß Sie sich besser vorbereiten sollen. Es ist einfach immer das Gleiche mit Ihnen.

H. Maier: Ja wieso denn. Ich habe doch extra am letzten Sonntag . . . !

Kollege von H. Taylor: (unterbricht!) Jetzt laß doch endlich mal den H. Maier in Ruhe! Immer wenn Du von der Sitzung müde zurückkommst, . . .

H. Taylor: (unterbricht wiederum) Laß mich ausreden. Man sieht ja, was passiert! So lasch . . . .

KOMMUNIKATION

Wir fragen Sie jetzt direkt, liebe Leser: Wie geht dieses Gespräch wohl weiter? Was ist hier passiert? H. Maier und der Mitarbeiter wollen ein Problem mitteilen, welches bereits nach wenigen Sätzen nicht mehr das Hauptthema ist. H. Taylor hört von Anfang an nicht zu und blockiert damit die Antworten und Aussagen des Mitarbeiters. Er lenkt sie in eine andere Richtung. Der Kollege von H. Taylor blockt H. Taylor zusätzlich ab. H. Taylor greift grob verallgemeinernd an. Beide Kollegen setzen Kommunikationssperren ein. Deren Wirkung ist sehr oft verheerend, weil sie nicht immer so augenscheinlich auftreten und nicht ohne weiteres zu erkennen sind.

Wir wollen festhalten: Kommunikationssperren (K-Sperren) sind Aussagen, die den Gesprächspartner beim Formulieren seiner Ziele, seiner Bedürfnisse und bei der Lösungssuche blockieren.Wenn Sie K-Sperren einsetzen, verhindern Sie, daß Ihr Partner selber Lösungen findet. K-Sperren sind nichts anderes als das Zurücksenden einer unerwünschten oder vorzeitigen Botschaft an den Partner. Der Fehler liegt darin, daß gesendet wird, bevor der andere überhaupt auf Empfang ist.

Sperren sind für den Sender Äußerungen, wie: „Du bist dumm.“; „Das interessiert mich nicht.“; „Mach, was ich Dir sage, und die Sache wird in Ordnung gehen“. Bremsen der Kommunikation findet durch Mahnen, Urteilen, Beraten, Moralisieren statt. Sperren lösen Widerstand, Verteidigung, Wut und Abneigung aus. Sie führen dazu, daß der ursprüngliche Sender nicht selber im Gespräch die Lösung erarbeiten kann.

Solche Sperren gibt es in weit über 90% aller Unterhaltungen. Denken Sie einmal darüber nach, warum manche Loriot-Sketche oder Dialoge so komisch wirken. Sie sind nämlich genau das, was wir tagtäglich machen.

1. Kritisieren – Urteilen – Vorwürfe machen – Widersprechen

Die Sperren bremsen den mit einem Problem zu mir Kommenden ab, sich mir noch mehr mitzuteilen. Erinnern Sie sich an die Aussage: „Wer von euch ohne Sünde ist, werfe den ersten Stein ...“ (Joh. 8,7) und „Wer im Glashaus sitzt, soll nicht mit Steinen werfen!“

- Du machst immer wieder den gleichen Fehler.

Die Sperren bedeuten für den Mitarbeiter, daß seine Absichten und Handlungen nur „Mist" sind.

- Das hättest Du doch wissen müssen!
- Das war dumm von Dir.
- Typisch ...

Als Urteilender stelle ich mich höher und sage, daß ich mehr recht habe. Ich verneine dem Mitarbeiter, seinen Weg zu finden und provoziere dementsprechend.

Die Sperre läßt den Mitarbeiter mehr als alle anderen sich schlecht, unterlegen, unfähig oder einfach dumm fühlen. Er wird in der Regel verteidigend oder sogar noch aggressiv reagieren: Gegenvorwürfe bringen, schweigen, oder er fängt an, an sich selber zu zweifeln. Selbstzweifel ist schleichendes Nervengift. Der Mitarbeiter traut sich weniger zu und sucht Bestätigungen in weniger wichtigen Handlungen. Er bringt mehr Zeit und Energie damit zu, etwas Negatives zu verhindern, als positiv nach vorne zu denken und zu handeln.

2. Namen austeilen – Beschämen – Lächerlich machen

Diese Sperren bedeuten einfach den anderen mit einer „Aufschrift" versehen und den K-Partner mit Absicht zu beschämen und lächerlich zu machen. Dies würdigt den anderen herab. Wenn er die innere Stärke nicht hat, wird der Mitarbeiter versuchen, Sie selber zum Verlierer zu machen.

- Blödmann!
- Sie sind eben ein altes Gewohnheitstier.
- Der hat sie wohl nicht mehr alle!
- Wer hat das denn schon wieder gemacht?
- Selber doof!
- Sie müssen es ja wissen!
- Du hast wohl vergessen, daß ...

Der Sprecher zielt mit diesen Aufschriften und den Sperren in seinen Aussagen in das Herz des Angesprochenen. Der Sperrende zielt direkt auf das Selbstwertgefühl und läßt den anderen sich wertlos, unterlegen und schlecht fühlen.
Das sind Verhaltensweisen, wie sie Kinder schon beim Streiten einsetzen.

Diese Aussagen wirken nur wie negative Energie und meistens verheerend auf die Beziehung. Der mit Absicht zum Verlierer Gemachte wird in der Regel ebenfalls reagieren, wenn er keine Strafen befürchten muß. Er wird mit gleicher Münze zurückzahlen.

3. Moralisieren – predigen

d.h., der anderen Person sagen, was das Beste für sie zu tun oder zu denken ist.

- Sie müßten eigentlich wissen, daß die Geschäftsleitung ...
- Siehst Du, jetzt hast Du den Salat. Du hättest damals doch das machen sollen, was Dir Dr. X schon sagte!

Beim Moralisieren beruft sich der Sprechende auf eine „unabhängige Instanz“, d.h. auf einen anderen Chef, ein Gremium oder auf sich selber als jemand, „der das schon vorher wußte“.

Diese Sperre signalisiert mangelndes Vertrauen in die Problemlösefähigkeit der blockierten Person. Moralisieren ist das Ausnützen einer schwächeren Position des anderen. Der Ratsuchende fühlt sich schon verletzlich genug, wenn er Rat sucht, und der Moralisierende und Predigende spürt genau die Verletzlichkeit und zielt auf sie. Das Ziel ist, die Person sich noch schuldiger und schlechter fühlen zu lassen.

4. Rat geben, Vorschläge machen, Ideen mitteilen, fertige Lösungen aufzwingen

Dies bedeutet, der Person sagen, was sie tun oder lassen soll. Entsprechend groß ist dann der Widerstand gegen dieses Angebot.

- Du mußt einfach folgendes tun ...
- Ich an Deiner Stelle würde zuerst einmal ...
- Das ist doch ganz einfach, ...
- Du mußt einfach folgendes tun ...
- Ich schlage Dir vor, daß Du ...

Dem Ratsuchenden Lösungen anbieten, bedeutet nichts anderes als zu sagen: „Tue das, was ich Dir sage, und die Sache wird in Ordnung gehen.“

Es ist jedoch nicht so, daß jeder zu seinen Problemen sofort eine fertige Lösung möchte.

Der „Be-Ratene“ und der „Rat-Geschlagene“ möchten allerdings keine „Rat-Schläge“! Es ist genau umgekehrt. Er möchte zuerst einmal über das Problem sprechen. Er will nicht gesperrt werden, sondern seinen eigenen Weg suchen. Der Ratsuchende wird früh genug sagen, ob und wann er eine Unterstützung vom Gesprächspartner erwartet. Wer Lösungen anbietet, ohne darum gefragt zu werden, maßt sich Überlegenheit an, weiß auf alles eine Antwort. Damit lenkt der Sperrende vom selbständigen Problemlösen ab. Leider ist es in einem solchen Fall garantiert das Falsche.

Bei häufigem „Lösungen liefern" stellt sich Hilflosigkeit beim Ratsuchenden ein: Er gibt die Verantwortung an die „ratschlagende" Person ab und wird dadurch abhängiger. Kreatives Denken und Selbstvertrauen nehmen ab.

Ganz Gewiefte wenden dann sogar die Willigkeit des „Universallösers" gegen diesen: Der Universallöser zerbricht sich den Kopf und müht sich für denjenigen ab, der eigentlich Probleme lösen sollte. Der „Universallöser" bekommt immer mehr Probleme, für die er eigentlich nicht verantwortlich zeichnet. Und wenn eine Lösung schiefgeht: „Du hast mir damals ja vorgeschrieben, was ich tun sollte. Du hast mir damals ja nicht richtig zugehört." Frage an Sie: Kennen Sie dies von Ihnen und Ihren Mitarbeitern? Kommt Ihnen dieses Schema vertraut vor?

Denken Sie nach dem Lesen dieses Textes bitte lange über den Inhalt nach. Was hat das in Ihnen ausgelöst, woran denken Sie im Moment, was spüren Sie im Moment? Was werden Sie mit dem Erfahrenen tun? Ihre nächsten Handlungsschritte? Aufschreiben, ja!

Checkliste 4.1: Test der eigenen Kommunikationssperren.
Kreuzen Sie einfach an.

	sehr viel	mittel	selten	nie
1. kritisieren	❑	❑	❑	❑
2. beschämen	❑	❑	❑	❑
3. loben	❑	❑	❑	❑
4. diagnostizieren	❑	❑	❑	❑
5. befehlen	❑	❑	❑	❑
6. drohen	❑	❑	❑	❑
7. moralisieren	❑	❑	❑	❑
8. ausfragen	❑	❑	❑	❑
9. Rat geben	❑	❑	❑	❑
10. ablenken	❑	❑	❑	❑
11. beruhigen	❑	❑	❑	❑
12. argumentieren	❑	❑	❑	❑

Ergebnis: Schauen Sie sich Ihr Sperrenprofil genau an. Sind Sie überrascht?

Es hilft wenig, wenn Sie jetzt versuchen, keinen der Punkte mehr falsch zu machen. Sie lähmen sich nur selber und getrauen sich nichts mehr zu sagen.

Eine Möglichkeit: Nehmen Sie sich selber zuerst einmal die vor, mit der Sie am meisten Mühe haben. Lesen Sie die Arbeitsanweisungen und bearbeiten diese. Arbeiten Sie dann im Buch weiter, und nehmen sich die nächste Sperre vor, wenn Sie Lust darauf haben. Viel Spaß!

Aufgabe 4.1: Suchen Sie und schreiben Sie in die freien Felder der obigen Abschnitte Redewendungen auf, die Sie selber oft als K-Sperren benutzen. Suchen Sie weitere, die Sie nie wieder verwenden wollen.

Aufgabe 4.2: Spielen Sie die einzelnen K-Sperren-Abschnitte mit Ihren Mitarbeitern oder Ihrem Lebenspartner durch, und wechseln Sie dann die Rollen. Spielen Sie den Sperrenden und anschließend den Suchenden.

- Welche Rolle machte Ihnen persönlich mehr Spaß?
- Welche Rolle ist Ihnen leichter gefallen?

Aufgabe 4.3: Notieren Sie, was Sie sich jetzt, was Sie sich persönlich aufgrund dieses neuen Wissens vornehmen.

K- Sperren können nicht ohne weiteres abgestellt werden. Nehmen Sie sich die Zeit, mit diesen Sperren sorgfältig umzugehen.

4.2.2 Lösung: Zuhören

Sie haben Kommunikations-Sperren kennengelernt. Sie achten auf durch Worte oder Gesten überbrachte Botschaften. Sicher kommt bei Ihnen die Frage auf: Ja, habe ich denn bis jetzt alles falsch gemacht? Was kann ich denn eigentlich richtig machen? Gibt es einen Weg aus der Situation, daß ich dem anderen helfen kann, ohne ihn oder sie gleich zu blockieren?

Hör'n Sie mir überhaupt zu?
Ich bin ganz Ohr!
Puth.

Natürlich gibt es Wege aus der Situation, und bestimmt haben Sie diese bisher auch schon verfolgt, auch wenn Sie sich dessen nicht immer bewußt waren.

- Wenn der andere ein Problem hat, kann ich ihm helfen.
- Wenn ich ein Problem habe, muß ich mir selber helfen oder mir helfen lassen.
- Wenn wir kein Problem haben, können wir effektiv miteinander arbeiten.

Wenn keiner ein Problem hat, kann ruhig gearbeitet werden. Das gilt für das Gespräch zwischen Chef und Mitarbeitern ebenso wie für die Arbeit zwischen Partnern. Woran und wie erkennen Sie, liebe Leser, daß der andere ein Problem hat?

Je größer das Problem für meinen Partner zu einem bestimmten Zeitpunkt ist, desto unwilliger hört er mir zu. Jede Person ist in dieser Situation einfach zu sehr mit sich selber beschäftigt.

Wir unterscheiden passives und aktives Zuhören.

Passives Zuhören, d.h. „einfach nichts tun" und dem anderen lediglich Interesse signalisieren, ist die einfachste Art der Hilfe bei sehr schwierigen Problemen. Passives Zuhören kann sehr wirksam sein.

Aktives Zuhören bedeutet:

1. Nur mit Körpersprache reagieren, (z.B. ansehen, vorneüberbeugen und Blickkontakt halten, lächeln, nicken)
2. Türöffner: „Was willst Du von mir?" „Kann ich etwas helfen?" „Wie geht es?"
3. Wiederholen
4. Zusammenfassen
5. Logisches Weiterführen der Gedanken des anderen, ohne zu bremsen; nächste Schritte aussprechen; Optionen prüfen; helfen, ohne etwas hinzuzufügen = Lösungsmöglichkeiten suchen und überprüfen; Rat geben = Ratschläge erteilen und beraten.

Aktives Zuhören ist oft der wichtigste Lösungsweg. Bereits mit nichtverbalen Signalen der Körpersprache wird sehr viel Interesse bekundet. Wenn sich Gesprächspartner hingegen mit anderen Arbeiten beschäftigen oder öfters auf die Uhr sehen, während die andere Person spricht, ist klar: anderes ist im Augenblick eher wichtiger.

Zuhören heißt, dem Sender die volle, ungeteilte Aufmerksamkeit schenken. Wenn Sie zuhören, signalisieren Sie damit dem Sender Interesse für dessen Probleme. Vielfach will er gar nicht mehr – weder Ratschläge noch fertige Lösungen.

Sie können dem Problemsender einen handfesten Rat geben, ihm sagen, was er jetzt genau machen soll. Dieses setzt bereits sehr viel voraus: Zuhörbereitschaft und in der Regel zuerst fragen, ob überhaupt ein Rat gewollt wird. Wenn die Antwort zurückhaltend ist, bedeutet das für Sie als Chef nicht, daß der Mitarbeiter den Rat nicht will. Zurückhaltung bedeutet einfach, daß der Mitarbeiter seine eigenen Gedanken noch nicht genügend sortiert hat und Sie durch Zuhören jetzt helfen, dieses Sortieren und Suchen zu fördern.

FAZIT ***Die erfolgreiche Diagnose, ob ich oder ein anderer ein Problem haben, und das Reagieren mittels geeigneter Zuhörtechniken ist die Voraussetzung für die Einleitung einer vielversprechenden Problemlösung.***
Unser Rat: Denken Sie über Ihren ganzen großen Lernprozeß nach.

Im folgenden kommt eine Reihe von Aufgaben. Bitte arbeiten Sie diese alle durch. Wählen Sie sich zuerst solche aus, die Ihnen am ehesten Spaß machen. Nehmen Sie sich viel Zeit für die Aufgaben. Es nützt Ihnen wenig, im Prozeß schneller gehen zu wollen. Sie werden die Zeit brauchen und haben immer die Gelegenheit, mit viel Übungen an sich selber zu arbeiten.

Aufgabe 4.4: „Erkennen von Problemsignalen – Zuhören“

Suchen Sie im Verlauf der nächsten Unterhaltungen einfach durch Zuhören festzustellen, wo Ihr Gesprächspartner Problemsignale sendet. Versuchen Sie, die Problemsignale zu erkennen.

- Setzen Sie mit einem Mitarbeiter oder Vorgesetzten so oft wie möglich die Methode des Zuhörens ein. Beobachten Sie sich dabei selber. Was passiert?
- Geben Sie erst dann einen Ratschlag, nachdem Sie gefragt worden sind oder nachdem Sie wissen, daß der Sender einen Ratschlag will.
- Setzen Sie bei einem Problemsender von Zeit zu Zeit und nacheinander die verschiedenen Möglichkeiten des „Aktiven Zuhörens“ ein und üben Sie diese Schritt für Schritt.
- Setzen Sie sich einmal mit Ihrem Mitarbeiter/Vorgesetzten zusammen, um über ein Arbeitsproblem zu diskutieren. Zeigen Sie Ihre Vorbereitung, und bitten Sie Ihn, gemeinsam die Lösung des Problems zu suchen. Wenn Sie Mühe haben, hören Sie einfach nur zu und lassen Sie die Diskussion laufen.
- Halten Sie sich zurück, Ratschläge zu erteilen und zuviel zu beraten. Geben Sie nur die Stichworte, die es braucht, um die einzelnen Problemlöseschritte zu starten.

4.3 Aktive Vorbereitung auf eine Führungsaufgabe

Im folgenden bieten wir Ihnen eine Hilfe, wenn Sie eine neue Gruppe oder eine neue Abteilung/Hauptabteilung übernehmen müssen. Es geht vor allem darum, die wichtigsten Aufgaben und Fragen zu identifizieren und zu lösen.

Wenn Sie selber bereits einige Zeit Ihre Gruppe/Abteilung aktiv führen, kann Ihnen das folgende Raster zur Ist- und Soll-Analyse dienen. Überprüfen Sie für sich, welche der genannten Fragestellungen Sie wirklich im Griff haben. Zusammengefaßt dient der Aktionsplan als Checkliste für Sie.

Aktionsplan	**für mich erledigt**	**Für Abteilung/ Team erledigt**
1. Sofortmaßnahmen (Beziehungs- und Aufgabenebene)		
2. Ist-Profil der Aufgabe definieren (Beziehungs- und Aufgabenebene)		
3. Soll-Profil der Aufgaben klären (Beziehungs- und Aufgabenebene)		
4. Abgleich der Soll-Ist-Anforderungen durchführen.		
5. Zielformulierung und Konzepterstellung (Beziehungs- und Aufgabenebene)		
6. Maßnahmen durchführen und Kontroll- und Feedbackmechanismen definieren. (Beziehungs- und Aufgabenebene)		
7. Gemischtes		

Abb. 4.1: Die vorliegenden Schritte zeigen den Ablauf für die Übernahme einer neuen Aufgabe/Funktion.

In den folgenden Unterkapiteln werden diese übrigen Punkte kurz erläutert. Die Struktur in jedem Unterkapitel ist dabei:

A: Ziel – Was ist das Hauptziel in diesem Schritt?

B: Aufgaben – Was sind die wichtigsten Aufgaben in diesem Schritt?

Wichtig ist dabei, sowohl die Beziehungs- wie auch die Aufgabenebene nicht zu vermischen.

Wenn Sie sich selber die Frage beantworten, müssen Sie klären, was die Antwort bedeutet und welche Aktivitäten folgen.

C: Hilfsmittel – Welche konkreten Hilfsmittel sind einsetzbar?

D: Zusätzliche Informationen/Fragen – Diese Restkategorie sammelt nicht klar Zuordenbares.

Im folgenden wird davon ausgegangen, daß die Übernahme einer Gruppe/Funktion notfallmäßig erfolgt. Das bedeutet sofortige Handlungen. Bei einer angekündigten Übernahme müssen diese Schritte ebenfalls erledigt werden. Es bleibt allerdings mehr Zeit. Einzelne Inhalte sind zum besseren Verständnis beispielhaft angeführt.

4.3.1 Maßnahmen bei einer notfallmäßigen Übernahme der Verantwortung

Ziel: Beruhigung der Situation und Unterstützung des eigenen Vorgesetzten und der Kollegen/Mitarbeiter sichern.

Aufgaben:

Klärung der eigenen Position

- Zu Hause eigene Schritte mitteilen/abstimmen.
- Persönliche Arbeitstechniken überprüfen: Was brauche ich an zusätzlichen Techniken?
  Wenn eine Sekretärin unterstützt: Mit ihr die eigenen Arbeitstechniken (z.B. Tagesplanung; Terminabsprachen) überprüfen.

- Persönlichen Einführungsplan erstellen: Namen lernen, Besuche planen, mit Vorgesetzten kurz sprechen, Kontaktstellen ausfindig machen.
- Für wen war/bin/werde ich eine Gefahr?
- Wer wollte meinen Job?
- Wer will uns/mir Kompetenzen nehmen?
- Bei wem muß ich vorstellig werden: Wer ist Coach, Entscheider, Wächter, Nutzer/Kunde?
- Gibt es andere Stellen, die helfen? Betriebsorganisation, Personalleiter, Fachstellen.
- Was gibt es an hilfreichen Strukturen?
- Auf welchen Verteilern muß ich sein?
- Übergabeprotokoll mit dem Vorgänger festlegen.
- Aufgaben des Mitarbeiters (Abb. 4.3) bestimmen – Selbstdiagnose und Diagnose der Mitarbeiter machen.

Abstimmung mit dem Vorgesetzten

- Was darf ich? Was darf ich nicht? Rechte und Pflichten.
- Wen muß man kennen?
- Wer muß besucht werden?

Abstimmung mit den Mitarbeitern

- Erste Besprechung mit Mitarbeitern mit Hilfe von Brainstorming / Metaplan / Mindmap:
  Offene Fragen feststellen und Abmachungen zu Fragen treffen.
  Agenda führen und offenlegen.
- Bisherige Aufgaben in der Abteilung/im Team erheben: Wo stehen wir heute?
- Mögliche Ausbildungsbedürfnisse fixieren.

Hilfsmittel:

- Mindmaps
- Formulierung von Vorstellungen zur Neugestaltung der Abteilung
- Gesprächsziele formulieren

Zusätzliche Informationen/Fragen:

- Zuerst zuhören und diagnostizieren, dann handeln.
- Vorgesetzte, Kollegen, Betroffene, Mitarbeiter so schnell wie möglich in die Entwicklung einbeziehen. Betroffene zu Beteiligten machen.
- Positive Grundhaltung gegenüber dem Vorgänger bewahren. Seine Erfahrung unbedingt nutzen.
- Rasch erste Meilensteine definieren.
- Klassische Werkzeuge und Bekanntes zuerst einsetzen. Erst dann innovativ tätig werden.
- Sind die eigenen Fragen/Aufgaben und die bezüglich der Abteilung/des Teams genügend beantwortet?

4.3.2 Ist-Profil der Aufgaben definieren

Ziel: Klarheit der Aufgaben.

Aufgaben:

Klärung der eigenen Position

- Eigene Lebensplanung überprüfen: Stimmt diese Aufgabe grob mit dem gewollten überein? Lasse ich mich nicht einfach in etwas hineinreißen und mich verheizen, wo ich noch nicht reif genug dazu bin?

- Welche Abmachungen brauche ich? Regelungen und Ziele mit festen Terminen definieren.
- Welche Selbständigkeit besitze ich in den verschiedensten neuen Aufgaben?

Abstimmung mit dem eigenen Vorgesetzten
(Eventuell können diese Fragen bei einem guten Verhältnis mit dem bisherigen Stelleninhaber geklärt werden).

- Haben Sie als Chef Fragen an mich?
- Bisherige Aufgaben der Abteilung/Team erheben: Wo stehen wir heute?
- Geschichte der Abteilung / des Teams: Fallstricke oder schwierige Kunden / innerbetriebliche Kontakte?
- Entwicklung der Mitarbeiter: Gibt es Spezielles bei den Mitarbeiterinnen und Mitarbeitern zu beachten?
- Könnten Sie als Vorgesetzter helfen, die Selbständigkeit der Mitarbeiter einzuschätzen?
- Wie sieht mein Pflichtenheft/Stellenbeschreibung/Anforderungsprofil aus?
- Wann werden wir zum ersten Mal eine Zielvereinbarung durchführen?
  Was dient dazu als Grundlage: Die bisherige oder eine neue?
  Was brauchen Sie dazu von mir?
- Wo soll ich eine Einführung, Job-Rotation oder einen ein- bis zweiwöchigen Besuch am besten durchführen?
- Wen muß man kennen?
- Wer muß besucht werden?
- Wie sieht das Beziehungsnetz aus?
  Gibt es besondere Kontaktpersonen oder Kontaktstellen?

- In welchen Gremien bin ich/muß ich sein?
- Auf welchen Verteilern muß ich sein?
- Gibt es eine Selbstbeurteilung der Abteilung?
- Was gibt es an hilfreichen Strukturen?
- In welchen Gremien/Institutionen sind wir Mitglied?
- Gibt es Strukturen/Förderprogramme für mich?
- Stärken/Schwächen-Analyse mit dem Vorgesetzten/bisherigen Stelleninhaber machen.
- Was ändert sich an meinem Arbeitsvertrag?
- Welche zusätzlichen Vergünstigungen erhalte ich?

Abstimmung mit den Mitarbeitern

- Eigenbeurteilung der Abteilung:
  - Was war/ist gut?
  - Was war/ist nicht gut?
  - Was machen wir gerne?
  - Was machen wir nicht gerne?
- Selbständigkeit (S) der Mitarbeiter einschätzen.
- Die Qualität des Beziehungsnetzes feststellen.
- Stärken/Schwächen-Analyse durchführen.
- Wen muß man kennen?
- Wer muß besucht werden?
- Wie sieht die Qualität unseres Beziehungsnetzes aus? Gibt es besondere Kontaktpersonen oder Kontaktstellen?
- In welchen festen Konferenzen sind wir?

- Gibt es einen Managementkalender für die wichtigsten Termine im Jahr?
- Auf welchen Verteilern sind wir?
- Gibt es eine Selbstbeurteilung der Abteilung?

Hilfsmittel:

- Budgetplanungen
- Checkliste: Eigenbeurteilung der Abteilung
- Checklisten erstellen mittels typischer Stellenbeschreibungen, z.B. Handbücher VDF (Schweiz); Berufsverbände
- Checklisten und Aufgabenblätter: Aktives Führen und Diagnose der Mitarbeiter
- Soziogramm für das Beziehungsnetz
- Grundlagentexte zur Aufgabe und Definitionen: z.B. Qualitätssicherung, Personalentwicklung
- Planungskalender, Managementkalender

Zusätzliche Informationen und Fragen:

- Unbedingt: Personalleiter nutzen!
- Personalhandbuch besorgen.
- Vorhandene Führungsinstrumente erfassen, wie z.B.: Personalentwicklungskonzept; Zielvereinbarungsprozeß (Abb. 4.5); Mitarbeiterbeurteilung (Abb. 4.3); Lohngespräche; Bonusrunden.
- Sind die eigenen Fragen/Aufgaben und die bezüglich der Abteilung beantwortet?

4.3.3 Soll-Profil der Aufgaben klären

Ziel: Verständigung über den möglichen Aufgabenrahmen sichern.

Aufgaben:

- Kontakte aufnehmen und Informationen austauschen mit
  - verwandten Abteilungen,
  - übergeordneten Stellen,
  - eigenen Vorgesetzten,
  - Mitarbeitern,
  - Kunden (z.B. Workshops mit Kundengruppen),
  - unabhängigen Instanzen.
- Wichtig ist die Feststellung der Grund-/Aufgabenstruktur. Liegt die jeweilige Aufgabe der Abteilung bei der
  - Beratung?
  - Durchführung?
  - Unterstützung?
- Zu einem Produkt (d.h. eine Methode, eine Vorgehensweise, ein Seminar, ein Leitfaden, etc.) gibt es Kernaufgaben, die bearbeitet werden müssen:
  - Problemstellung/Ist-Analyse/Soll-Analyse und Zielformulierung
  - Einsatzkonzept im Unternehmen
    - Ziel
    - Verfahren (Vorgehensweisen, Ergebnis)
    - Schnittstellen
    - Zuständigkeiten

    - Methoden/Instrumente
    - Identifikation
    - Einführung
    - Administration
  - Schulung
    - Konzept zur Schulung
    - Schulung ausarbeiten (Inhalt, Unterlagen)
    - Schulung durchführen
    - Schulungserfolg messen
  - Unterstützung/Coaching
    - in der Einführungsphase
    - bei Problemfällen
    - Änderungen
    - Erweiterungen
  - Kontakt nach außen
    - zu eigenen Kunden
    - zu Fachvorgesetzten
    - zum Konzern
    - zu Anbietern
- Stellenbeschreibung und Anforderungsprofile machen

Hilfsmittel:

- Diagramm zur Produktverantwortlichkeit
- Stellenbeschreibungen, Pflichtenhefte, Anforderungsprofile

Zusätzliche Informationen/Fragen:

- Sind die eigenen Fragen/Aufgaben und die bezüglich der Abteilung genügend beantwortet?

4.3.4 Abgleich der Soll-Ist-Darstellung durchführen

Ziel: Sicherung des endgültigen Aufgabenrahmens

Aufgaben:

- Feststellen, wo es Über-/Unterdeckungen der Aufgaben gibt.
- Klären, was die konkreten Aufgaben sind.
- Feststellen von Ausbildungs- und Personaldefiziten: Wo gibt es Infrastrukturmängel?

Zusätzliche Informationen/Fragen:

- Zeitfaktor nicht außer Acht lassen.

4.3.5 Zielformulierung und Konzepterstellung der Abteilung/des Teams

Ziel: Zielrahmen für kurz-mittelfristiges Vorgehen erarbeiten

Aufgaben:

- Beschreibung der Ziele machen.
- Meilensteine festlegen.
- Gestaltung personeller und funktionaler Strukturen durchführen.
- Verantwortungsbereiche mit Kollegen abklären.
- Zeitliche Abläufe mit anderen Stellen abstimmen.

4.3.6 Maßnahmen durchführen

Ziel: Rasche Festigung und Umsetzung der Ziele.

Aufgaben:

- Besprechungen mit Beteiligten durchführen.
- Personalentscheidungen treffen.
- Ausbildungsmaßnahmen starten.
- Projekte starten.
- Ziele/Maßnahmen publik machen.

4.3.7 Gemischtes

- Literatur zu Grundsätzlichem ermitteln.
- Ausbildungsfragen, Ausbildungsgänge, klären.

4.4 Mitarbeiterentwicklung durch Anerkennung

Sie wissen jetzt, wie Mitarbeiter einzuschätzen sind: Können und Wollen/Sicherheit bestimmen die Selbständigkeit. Sie wissen auch, wie die Mitarbeiter aktiv zu führen sind. Das eigene Verhalten bezüglich der Aufgabe und des Mitarbeiters (Beziehungsverhalten) ist mehr oder weniger ausgeprägt. Sie haben „S" und „F" gelesen und die eigenen Erfahrungen mittels selbstgestellter Aufgaben in Ihrer Führungspraxis umgesetzt. Sie haben realisiert, daß der „S" von Mitarbeiter zu Mitarbeiter und natürlich von einer Aufgabe zur anderen variiert. Sie haben auch in Ihrer eigenen Führungspraxis erlebt: Bei einem Mitarbeiter ist viel Beziehungsverhalten ein langes Gespräch. Beim anderen bedeutet viel Beziehungsverhalten ein kurzer Austausch von privaten Themen. Sie haben „Aktives Führen“ in Bezug zur Problemlösung und Kommunikation erlebt. Sie haben außerdem sich entweder in eine neue Führungsaufgabe eingearbeitet oder eine Bestandsaufnahme gemacht. Wir setzen „aktiv Führen“ weiter um.

Leider werden heute Kündigungen zu wenig mit den direkt resultierenden Kosten zum Ersatz des Mitarbeiters in Beziehung gebracht. Es ist interessant, mehr darüber zu wissen, was an Qualität, Kundenbeziehungen, Vertrauen, persönlichen Abmachungen alles kaputtgeht. Eine alte Frage scheint mir auch zu sein: Was kostet eigentlich ein Chef mit hoher Fluktuation in seinem Bereich. Mir sind Vorgesetzte bekannt, die ungestraft pro Jahr bis zu 60% Fluktuation vor allem durch schlechte Führung produzieren. Dies ohne irgendeine Reaktion des Unternehmens – geschweige denn ein Gespräch mit dem obersten Verantwortlichen oder der entsprechenden Personalabteilung.

4.4.1 Voraussetzungen für die Entwicklung eines Mitarbeiters

Eine treffsichere Diagnose des Mitarbeiters zu machen ist schwierig. Viele Führungskräfte gehen aufgrund eigener Erfahrungen vor allem von zentralen Annahmen aus:

Mitarbeiter

- wollen selbständig handeln und arbeiten und werden durch diese Möglichkeit motiviert,
- wollen Karriere machen,
- sehen die Notwendigkeit einer Aufgabe von vorneherein ein,
- haben die gleichen Grundwerte wie ich.

Mein wichtiges Erlebnis, wie wenig die eigenen Annahmen stimmen, war in einem Industrieunternehmen. Ein junger Mitarbeiter sollte eine Teamleitungsfunktion übernehmen. Mit dieser neuen Funktion hätte er auch ein höheres Gehalt erhalten. Er lehnte ab und gab als Begründung an, er hätte viel mehr davon, wenn er in Ruhe (bei Akkordarbeit) am Band nachdenken könne. Mit den anderen Kollegen sei es sowieso schwierig. Das Geld mache da nicht viel Unterschied. Offensichtlich ist eine interessantere Arbeit mit mehr Gehalt nicht immer das Ziel eines jeden Mitarbeiters!

Meine Forderung an Sie ist: Überprüfen Sie, ob Ihre Annahmen auch wirklich für Ihre Mitarbeiter gelten. Lassen Sie sich bitte nicht aufgrund eigener Erfahrungen und positiver/negativer Erlebnisse dazu verleiten, beim Mitarbeiter automatisch das gleiche zu vermuten wie bei Ihnen selber. Bitte vergessen Sie nicht: Die Mitarbeiter müssen zuerst noch eine Entwicklung machen. Sie haben sie schon hinter sich.

Die Fakten zur Entwicklung eines Mitarbeiters sind:

- Die Entwicklung muß möglichst früh gestartet werden: Sie müssen im Grunde genommen laufend nach Möglichkeiten suchen, wie Sie Mitarbeiter entwickeln. Der Mitarbeiter wird immer überprüft, ob er die Aufgabe kann/will und welche Maßnahmen zu höherer Selbständigkeit führen.
- Menschen entwickeln sich schrittweise: „Es ist noch kein Meister vom Himmel gefallen". Schenken Sie dem zu entwickelnden Mitarbeiter viel Aufmerksamkeit und Zeit.
- Den Mitarbeiter entwickeln bedeutet Fördern durch Fordern. Geben Sie immer mehr Verantwortung. Signalisieren Sie, daß mehr von ihm/ihr erwartet wird, und überwachen Sie dies. Steigern Sie den Schwierigkeitsgrad der Aufgaben. Scheuen Sie sich nicht davor, den Mitarbeiter zu überfordern.
- Einen Mitarbeiter aktiv führend zu entwickeln bedeutet überfordern: Wenn nicht überfordert wird, besteht keine Chance, Grenzen festzustellen. Überforderung hilft, die eigene Nachlässigkeit in Schach zu halten. Durch die Überforderung findet Lernen neuer Inhalte und Methoden statt. Förderung ist das Ergebnis gezielter und erfüllter (Über-)Forderungen.

ALS ANERKENNUNG FÜR IHRE GUTE LEISTUNG HAT IHNEN DIE FIRMENLEITUNG EIN ZWEITES FENSTER ZUERKANNT!
WB.

- Das einzige Beständige ist der Wandel: Entwicklung bedeutet Veränderungen. Neues Wissen führt auch zur Verunsicherung, weil dieses möglicherweise nicht mit alten Erfahrungen übereinstimmt. Neues Wissen führt zu Widersprüchen. Es ist eine Illusion an Ruhe zu glauben, wenn die nächste Entwicklungsstufe erreicht ist. Wir können nur lernen, um immer besser mit diesen fließenden Zuständen mitzuschwimmen. Wir können uns nicht einfach irgendwo verankern und alles festhalten.

FAZIT *Mitarbeiter zu entwickeln bedeutet fordern.*

4.4.2 Die Kernelemente für Entwicklungen

a) Die Doppelfunktion des Vorgesetzten

Als Vorgesetzter haben Sie, liebe Leserin, lieber Leser, zwei Funktionen gleichzeitig: Führung nach unten und nach oben.

- Führung nach unten: Bei Mitarbeitern mit niedrigem „S“ müssen Sie viel Energie in die aufgabenorientierten Führungsfunktionen stecken: planen, organisieren, anweisen, motivieren und kontrollieren.
- Führung nach oben: Wenn Mitarbeiter in ihrer Selbständigkeit höher entwickelt sind, bekommen Sie mehr Zeit für Ihre eigenen Aufgaben. Sie können eigene Interessen und die der eigenen Mitarbeiter nach oben vertreten.

Wenn Sie mehr Aufgaben in der übergeordneten Gruppe übernehmen, ermöglichen Sie bessere vertikale und horizontale Kommunikation, Beschaffung von besseren Mitarbeitern und Produktionsmitteln und Koordination von Leistungen mit anderen Abteilungen.

Ob ein Vorgesetzter jedoch bewußt die Entwicklung der Mitarbeiter zu immer höheren Selbständigkeitsgraden fördert, hängt nicht nur vom Verhalten, sondern direkt auch von seinen Wertvorstellungen und Erwartungen ab.

b) Positiver Glaube an die Menschen

Ob ein Mitarbeiter hohe Leistung bringt, hängt u.a. von Ihrem Glauben an ihn ab. Wenn Sie keine hohen Erwartungen an Ihre Mitarbeiter haben, haben sie keine Chancen, Erwartungen zu erfüllen. Wenn die hohe Erwartung aber da ist, setzen sich Ihre Mitarbciter ein, und das fördert Leistung.

Wenn Sie als Vorgesetzter wenig Erwartung an den Mitarbeiter haben, führt diese niedrige Erwartung zu einer niedrigeren Leistung. Dies verstärkt dann den Eindruck des schwachen Mitarbeiters und führt zu einem Absinken der Leistung insgesamt.

Was passiert bei einer tiefen Erwartung und einer hohen Leistung des Mitarbeiters? Freuen Sie sich über ein solches Ergebnis? Das hängt von Ihrer Einstellung ab: Ein positiver Vorgesetzter wird jetzt sofort seine Erwartungen höher schrauben. Ein eher pessimistischer Vorgesetzter wird die Erwartungen nicht viel höher ansetzen.

c) Sie prüfen die Voraussetzungen, ob sich Ihre Mitarbeiter entwickeln

Sie brauchen

- klare Vorstellungen über die Anforderungen. Sie müssen festlegen, welche Anforderungen der Mitarbeiter für die zu erwartende Leistung erfüllen muß.
- Eine Einschätzung der gegenwärtigen Selbständigkeit und des Leistungswillens für die vorliegende Aufgabe. Damit haben Sie die Möglichkeit, den Führungsstil für die Entwicklung zu wählen.

d) Den Selbständigkeitsgrad „S“ erhöhen

Nach der Beobachtung legen Sie den Selbständigkeitsgrad fest. Der Entwicklungsprozeß beginnt, indem Sie dem Mitarbeiter die Aufgabe als Ganzes erklären und detailliert die einzelnen Schritte zur Lösung beschreiben. Sie geben nur soviel Unterstützung, wie für diese Arbeit notwendig ist.

1. Der erste Schritt besteht in der Reduzierung von Steuerung und Lenkung (von aufgabenorientiertem Verhalten). Wenn Sie sehen, daß Ihr Mitarbeiter die erwartete Leistung erbracht hat, dann werden Sie Ihr

2. mitarbeiterunterstützendes Verhalten verstärken, indem Sie weniger detaillierte Anweisungen geben. Dafür gehen Sie ausführlicher auf Fragen und Bedenken ein.

3. Um die eigenen Mitarbeiter zu fördern, müssen Sie bereit sein, ein kalkulierbares Risiko einzugehen. Sie übertragen Entscheidungsbefugnisse.

e) Menschen entwickeln sich schrittweise

Sie müssen akzeptieren, daß sich kein Mensch von heute auf morgen total verändert und alles besser macht. Kein Mensch kann alles auf einmal lernen.

f) Mitarbeiterorientiertes Verhalten (Schritt für Schritt) als Belohnung einsetzen

Belohnung ist ein ganz wichtiger Faktor, um Mitarbeiter zu fördern. Verbale Belohnung können Sie voll ausnutzen. Sie muß überlegt eingesetzt werden, und zwar dann, wenn die gewünschte Leistung erbracht ist.

Aufgabe 4.5 Welche Möglichkeiten haben Sie selber, Belohnungen auszugeben?
Wann werden Sie mit kleinen Belohnungen Mitarbeiter motivieren?

g) Mitarbeiterentwicklung hat neue Bedürfnisse zur Folge

Wenn der Mitarbeiter eine hohe Selbständigkeit entwickelt, dann verändern sich auch seine Bedürfnisse. Er benötigt nun weniger steuerndes und unterstützendes Verhalten von seinen Vorgesetzten. Das Bedürfnis nach Autonomie wird wichtiger als unterstützendes Verhalten. Mehr Wissen und Können schafft mehr „Hunger". Sie müssen sich immer im Klaren darüber sein, daß die Entwicklung nicht mit dem nächsten Schritt aufhört. Das bedeutet möglicherweise, daß dieser Mitarbeiter bei Ihnen nichts mehr lernen kann und geht. Sie müssen bewußt entscheiden, ob Sie das wollen.

h) Der Einsatz der Belohnung

Es gilt, daß nur die Wahrnehmung Ihres Mitarbeiters bestimmt, ob Ihr Verhalten als Belohnung angesehen wird – oder etwa als Bestrafung oder einfach unwichtig ist. Die Wirkung hängt von der Situation des Betroffenen ab. Sie werden wiederum zuerst diagnostizieren müssen, wo Ihr Mitarbeiter steht.

- Bei tiefer Selbständigkeit wird mehr mitarbeiterbezogenes Verhalten als (gekoppelt mit immer mehr Selbständigkeit) Belohnung erlebt.
- Bei höherer Selbständigkeit wird die Möglichkeit immer mehr Aufgaben übernehmen zu können als Beweis des Vertrauens angesehen.

i) Belohnen oder bestrafen?

Wirkliche Schwierigkeiten treten auf, wenn Vorgesetzte mit zu viel Bestrafungen operieren. Dies führt dann unweigerlich dazu, daß nicht das erwünschte Verhalten hervorgebracht, sondern das Verhalten auf das Vermeiden von Bestrafungen gerichtet wird. Unumgängliche Bestrafungen sollen wohlüberlegt sein, sonst nimmt Vertuschen von Fehlern zu.

k) Möglichst früh richtig ausbilden

Der Entwicklungsprozeß ist zeitabhängig. Unerfahrene Mitarbeiter, die eine neue Aufgabe übernehmen, brauchen Betreuung.

- Sie müssen nicht nur die angemessenen Arbeitsverhalten vermitteln, sondern der Mitarbeiter muß zusätzlich das unzweckmäßige Verhalten abbauen und ein anderes zeigen.
- Entwicklung muß immer zielgebunden sein. Wenn Sie kein Ziel formulieren, kommen Sie auch nirgendwo an. Sie können niemals Bilanz ziehen; niemals zufrieden oder konstruktiv kritisch zurückblicken.
- Entwicklung ist an eine innere und/oder äußere Belohnung gebunden: Es muß am Ende des Weges (Ziel) irgendetwas geben, das ich haben möchte, damit ich mir überhaupt erst die Mühe für diesen Weg mache. Die Art des Anreizes ist immer vom Mitarbeiter abhängig. Mit Anreiz wird vielfach auch das Wort Motivation verbunden, das für den Autor absolut kritisch zu betrachten ist. Vielleicht weil Motivation als das große Wundermittel angesehen wird. Ich muß den Mitarbeiter motivieren, dann wird dieser seine Arbeit machen. Man veranstaltet ein Motivationsseminar, um den Mitarbeiter zu motivieren. Man macht eines für den Chef, damit dieser die Mitarbeiter motivieren kann. Der Chef muß herausfinden, was den Mitarbeiter motiviert, und ihm das anbieten. Mir scheint, unter Motivation läuft sehr viel Verschiedenes ab und wird sehr viel als Rezept verkauft. Motivation riecht manchmal zu sehr nach Manipulation, und dann wird es kritisch.

Was können Sie tun, um den Mitarbeiter herauszufordern?

Wo können Sie dem Mitarbeiter einen echten Anreiz bieten, daß er seine Ziele verwirklichen kann? Je mehr Ihnen das gelingt, desto geringer sind die Blockaden bei dem Mitarbeiter. Der Weg zeigt nach vorne. Ich denke, es muß Spaß machen, für Sie als Chef zu arbeiten.

Aufgabe 4.6: Überlegen Sie einmal, wo Sie als Chef für Spaß bei der Arbeit sorgen?
Was werden Sie am nächsten Arbeitstag machen, damit Ihre Mitarbeiter Spaß daran haben, für Sie zu arbeiten?
Bitte gleich in Ihren Zeitplaner notieren: Wenn nicht jetzt, wann dann?

4.4.3 Differenzierte Entwicklung in den Selbständigkeitsgraden

S 1

Im niedrigen Selbständigkeitsgrad S1 blockiert der Mitarbeiter. Diese Blockade gilt es mit allen Mitteln aufzubrechen. Aufbrechen können Sie die Blockade durch Ihre eigene Sicherheit und Zuversicht. In der Praxis bedeutet das auf jeden Fall mit viel Vehemenz (und W's) klar sagen, was zu machen ist. Gleichzeitig suchen Sie kleinste Willigkeits- und Zuversichtlichkeitssignale. Aktives Führen bedeutet:

- Sie fordern und fördern, indem Sie Ihrem Mitarbeiter die Möglichkeit einräumen, selber Stellung zur Aufgabe zu nehmen (die Aufgabe weniger strukturieren).
- Sie fordern, indem Sie mit dem Mitarbeiter über ein Randthema sprechen; fragen, wie es so geht. Wenn Sie ermunternde Signale schicken, erhöhen Sie auch Ihr Beziehungsverhalten.

In diesem Zusammenhang gibt es auch eine reine Lehre, die besagt bei der schwierigen Situation S1, zuerst das Aufgabenverhalten zu reduzieren und dann das Beziehungsverhalten zu erhöhen. Die Praxis zeigt aber, daß das sehr schwer ist. Das Hauptaugenmerk des Chefs bei einem S1-Mitarbeiter ist es einfach, die Blockade zu brechen. Praktisch ist jedes Mittel recht. Zuckerbrot und Peitsche sind wirklich adäquate Mittel in S1.

S 2

Im immer noch niedrigen Selbständigkeitsgrad S2 ist die Blockade weg: Der Mitarbeiter ist zuversichtlich und willig. Jetzt gilt es vor allem diese Zuversicht in echte Leistung umzuwandeln. „Aktives Führen“ bedeutet für diese Mitarbeiter:

- Sie fordern, indem Sie dem Mitarbeiter kurz die Möglichkeit einräumen, selber die Aufgabe zu strukturieren. Leistung werden Sie generieren, indem Sie stärker das Aufgabenverhalten reduzieren.

  Problem: Das mögliche Scheitern der Aufgabe bringt kalkulierbare, erträgliche Kosten mit sich.

  Lösung: Sie lassen den Mitarbeiter soviel wie möglich die Aufgabe selber ausführen (wenig Struktur, wenig Ws).

  Problem: Das Scheitern der Aufgabe bringt unkalkulierbare Kosten mit sich.

  Lösung: Sie lassen den Mitarbeiter nur so viel als nötig die Aufgabe selber ausführen (noch viel Struktur; viele Ws).

- Sie werden fördern, indem Sie Ihrem Mitarbeiter die Möglichkeiten einräumen, evtl. versteckte Bedenken, Unsicherheit und Fragen selber zu entdecken und vom Vorgesetzten dabei beraten zu werden.

S 3

Im Selbständigkeitsgrad S3 ist wieder Blockade da, und gleichzeitig kann der Mitarbeiter ja die Aufgabe. Jetzt gilt es vor allem wiederum, die Zuversicht und den Willen zu fördern und fordern. „Aktives Führen" bedeutet hier:

- Sie fordern und fördern, indem Sie Ihrem Mitarbeiter vor allem viel Möglichkeiten einräumen, die Aufgabe einmal anzupacken. Erst später sehen Sie dann miteinander an, wie es weitergeht.
- Sie hören einfach einmal seinem Problem zu. Danach fordern Sie ihn heraus, indem Sie die betreffende Person mit einem Appell ermutigen.

S 4

Sie werden jetzt sagen, daß dieser Mitarbeiter die Aufgabe kann. Diese Person braucht doch nicht mehr entwickelt werden. Richtig! Er oder sie braucht jetzt „Futter". Vergessen Sie vor allem nicht die Zielüberprüfung und vergessen Sie nicht, die Beziehung zu pflegen. Die beste Förderung ist jetzt, eine neue Aufgabe zu geben. Damit wird die Entwicklungsspirale in eine neue Drehung gebracht.

Im folgenden noch einige grundsätzliche Bemerkungen:

Die Art und der Umfang der Reduktion des Aufgabenverhaltens in der Entwicklung eines Mitarbeiters hängt von seiner Aufgabe ab. Deshalb werden hier keine generellen Aussagen darüber gemacht, wie stark die Reduzierung sein soll.

Ein Punkt ist jedoch, daß das Risiko immer kalkulierbar sein soll. Veränderung und Entwicklung ist mit Risiko verbunden. Sie als Vorgesetzter geben bei einer Reduktion des Aufgabenverhaltens weniger Struktur vor. Damit erhöhen Sie die Chance, daß Ihr Mitarbeiter versagt.

Zwei Gründe sind dafür verantwortlich: Entweder Sie als Chef haben die Situation falsch eingeschätzt, oder der Mitarbeiter macht einfach Mist. Vielfach kommt aber auch beides vor, und zwar ohne, daß der eine das vom andern merkt.

Ein anderer Punkt ist die Kontrolle: Zwanghaft neurotische Vorgesetzte sind nicht einmal gute Sicherheitsexperten. Solche Neurotiker sind nur Verhinderer und nicht Entwickler. Oder wie es einmal ein Unternehmer formulierte: „wir sind doch schließlich Unternehmer und nicht Unterlasser." Die notwendige und immer auszuübende Kontrolle muß dem Super-Gau angemessen sein. Wenn der Super-Gau für Sie höchstens Arbeitszeitverlust oder nicht ins Gewicht fallende Kosten für das Einzelprodukt beinhaltet und Sie als Vorgesetzter das Hinterste und Letzte kontrollieren, nehmen Sie Ihre Führungsfunktion nicht wahr. Dann ist grundsätzlich etwas falsch. Die Aussage: „Es darf kein Fehler passieren" verhindert z.B. konstruktive Entwicklung und erzeugt Angst. Da Angst die größte Blockade ist, führt sie unweigerlich zu vermeidendem Verhalten: Wie kann ich es anstellen, daß es keiner merkt, daß . . . !

Aufgabe 4.7: **Höhere Selbständigkeiten gewinnen**

Ziel: Die Entwicklung verschiedener Selbständigkeiten erleben.

Ablauf: Diagnostizieren Sie einen Mitarbeiter und führen Sie Gespräche. Stellen Sie für einen Mitarbeiter jeweils die Selbständigkeitsgrade fest.

Nehmen Sie sich bitte dazu jeweils eine Aufgabe heraus, wo der Mitarbeiter S1, S2, S3 und S4 ist. Bereiten Sie einen Plan vor, wie sich der Mitarbeiter weiterentwickeln soll.

Führen Sie das erste Gespräch zum jetzt definierten Zeitpunkt. Tragen Sie in Ihren Terminkalender bitte die Termine ein, wann Sie den Fortschritt des Mitarbeiters überprüfen werden.

Sprechen Sie mit dem Mitarbeiter das weitere Vorgehen ab.

Aufgabe 4.8: **Anerkennung aussprechen** (Lösung s. Seite 175)

Ziel: Erkennen, wie der Situation gerecht Anerkennung ausgesprochen werden kann.

Ablauf: Bitte nehmen Sie folgende Formulierungen und entscheiden Sie, für welchen Selbständigkeitsgrad das Angegebene zutrifft. Dabei kann es sein, daß sowohl alle wie auch keine der Formulierungen angebracht ist.

	S1	S2	S3	S4	nie
„Sie leisten viel mehr als meine anderen Mitarbeiter!"	o	o	o	o	o
Muß jede gute Leistung gelobt werden?	o	o	o	o	o
„Sie sind ein ausgezeichneter Mitarbeiter!"	o	o	o	o	o
Anerkennung liegt bereits vor, wenn der Mitarbeiter zu einem Problem sowohl seine eigene Meinung wie auch seine Vorschläge äußern darf.	o	o	o	o	o
Ein schwacher Mitarbeiter wird für durchschnittliche Leistung gelobt – andere erhalten für die gleiche Leistung keine Anerkennung.	o	o	o	o	o
Es wirkt auf Mitarbeiter anspornend, wenn in einer Gruppe einzelne herausragend gelobt werden.	o	o	o	o	o
Die Arbeitsgruppe und nicht nur der einzelne sind zu loben.	o	o	o	o	o
Es ist wirksamer, wenn ein Mitarbeiter durch eine Drittperson Anerkennung erhält.	o	o	o	o	o

4.5 Mitarbeiter fallen in der Entwicklung zurück: Kritik als Führungsinstrument

4.5.1 Grundsätzliches zur Kritik

Problem: Der Mitarbeiter kann eine Aufgabe und ist willig/zuversichtlich. Doch plötzlich kippt der Mitarbeiter. Er reklamiert mehr, ist unsicherer, und plötzlich scheint er auch die Aufgabe nicht mehr richtig zu können. Dieses Zurückfallen in frühere Verhaltensweisen nennen wir Regression.

Manchmal sind die Gründe ersichtlich: Unfall, Krankheit, soziale Probleme am Arbeitsplatz, private Ursachen, wie Krankheiten in der Familie oder Partnerschaftsprobleme, Restrukturierungen und/oder Kündigungswelle, Versetzung, Umzug des Arbeitsplatzes, neue Vorgesetzte oder Mitarbeiter. Manchmal sind die Gründe überhaupt nicht klar. Es wird durch einen Zufall einfach plötzlich deutlich, daß etwas nicht mehr stimmt.

Aus der Praxis weiß jeder, daß ein Leistungsabfall oder problematisches Verhalten bei Mitarbeitern gerne übersehen und ignoriert werden. Es ist klar, daß Sie als Vorgesetzter sofort reagieren müßten. Die Hemmschwelle scheint jedoch riesengroß zu sein. Außerdem ist es natürlich leichter, Kritik über andere an dem Betroffenen zukommen zu lassen. Damit führen Sie jedoch nur passiv. Wenn Sie als Vorgesetzter die Situation nicht als Chance zur Rückmeldung nutzen, schwächen Sie Ihre Führungskraft.

4.5.2 Ziele und Vorgehen beim Einsatz von Kritik

Was ist bei einem Leistungsabfall zu tun?

1. Früh genug feststellen, daß ein Mitarbeiter regrediert.
2. Schnell gegenüber dem Mitarbeiter reagieren.
3. Die Entwicklungsspirale zurückführen.

„SIE MACHEN AUCH ALLES VERKEHRT."

Entscheidend für die Wirkung einer Kritik ist das „Wie". Es spielt eigentlich keine Rolle, wie schwerwiegend die Kritik ist. Die Erfahrung lehrt, daß dem Mitarbeiter jede Kritik am Verhalten recht ist – solange sie fair und im richtigen Ton erfolgt.

Die Ziele der Kritik sind, daß

1. der kritisierte Fehler erkennt,
2. Ursachen und Auswirkungen klar sind,
3. eine Verhaltensveränderung erfolgt,
4. nach dem Gespräch immer noch Vertrauen vorhanden ist.

Diese Ziele erreichen Sie, wenn

1. Sie den Mitarbeiter seine Fehler selbst erkennen lassen,
2. der Kritisierte zuerst Stellung zur Kritik nimmt,
3. die Ursachen des Leistungsabfalls (des Problems) gemeinsam gesucht werden und
4. Sie im Rahmen des „aktiven Führens" Hilfe anbieten: Beraten oder überzeugen oder anweisen.

Sie können diese Punkte umsetzen, wenn Sie sich folgende Verhaltensregeln verdeutlichen:

- Kritik situativ, rechtzeitig, sachlich, angemessen, konkret, ruhig und als Hilfe zur Veränderung – nicht um eigenen Ärger abzureagieren, sondern als Chance – anwenden.
- Persönlich – Kritik in der Regel unter vier Augen üben und nicht vor anderen. Feedback und auch Kritik sind wertvolle Führungsinstrumente und keine Folterinstrumente. Es empfiehlt sich, regelmäßig Notizen über die Entwicklung der Mitarbeiter zu machen.
- Vorbereitet – wann immer möglich mit einem klarem Ziel vor Augen und einem klaren Ablauf: Ist-Analyse des Vorgesetzten → Rückmeldung über Verhalten an den Mitarbeiter → Stellungnahme des Mitarbeiters aufnehmen → Rückmeldung an Mitarbeiter über dessen Stellungnahme → Einigung über gleiche oder unterschiedliche Sichtweisen → nächster Schritt.

4.5.3 Differenziertes Kritisieren in den Führungsstilen

Folgendes ist festzustellen: Gerade die Kritik muß der Situation angepaßt sein. Einem Mitarbeiter mit einem niedrigen „S" muß härter, klarer und mit weniger Möglichkeiten zum Widerspruch begegnet werden, als einem Mitarbeiter mit einem höheren S.

Der Mitarbeiter ist S3

In der hohen Selbständigkeit S3 wird zuerst das Beziehungsverhalten mittels „aktiven Führens" schrittweise erhöht. Sie werden sich als Chef mehr um den Mitarbeiter kümmern müssen. Es gilt, zuerst einmal herauszufinden, wo Probleme und Unsicherheit liegen. Sie müssen jetzt sehr viel zuhören und rückfragen. Damit können Sie die Unsicherheiten möglicherweise auflösen. Aber Achtung: Manchmal sind Regressionen in einen S3 auch das Signal, daß etwas in der Beziehung faul ist. Der Mitarbeiter könnte signalisieren, daß er mehr Anerkennung erwartet. Dann gilt es für Sie, diese Wahrnehmung auszusprechen und miteinander mittels Problemlöseprozeß Abmachungen zu definieren.

Der Mitarbeiter ist S2

Wenn der Mitarbeiter jedoch in den S2 zurückfällt, geht es zuerst darum, daß die Aufgabe erledigt wird: Das Aufgabenverhalten wird erhöht, und erst bei entsprechender Reaktion wird auch wieder mehr auf den Mitarbeiter eingegangen.

Sie werden viel stärker strukturieren und definieren müssen, wo es lang geht, ansonsten wird die Aufgabe nicht gemacht. Das macht Ihnen natürlich Mühe bei einem Mitarbeiter, der offensichtlich die Aufgabe kann. Sie werden in der Regel sich auch die Augen und Ohren zuhalten, wenn Sie erste Symptome sehen, denn mehr Aufgabenverhalten bedeutet mehr Arbeit und Aufwand.

Der Mitarbeiter ist S1

Wenn der Mitarbeiter in einer bestimmten Aufgabe völlig zu einem S1 regrediert, dann hilft nur noch notfallmäßiges Handeln: Der Mitarbeiter blockiert und kann nicht mehr. Diese Blockade ist zu brechen: Sicherheit und Zuversicht sind mit viel Vehemenz zu vermitteln, (und mit vielen W's) klar sagen, was zu machen ist.

Aufgabe 4.9: **Die Regression eines Mitarbeiters mittels Kritik stoppen**

Ziel: Regressionen anpacken

Ablauf: Bestimmen Sie einen Mitarbeiter, der Sie immer wieder nervt, weil er bei bestimmten Aufgaben immer wieder wenig Selbständigkeit zeigt. Identifizieren Sie einen, wo Sie bei sich selber auch Mühe spüren, diesen Mitarbeiter zu kritisieren.

Ermitteln Sie die verschiedenen Tätigkeiten, die mit der Führung dieses Mitarbeiters verbunden sind. Was müßten Sie alles tun, damit dieser Mitarbeiter bei bestimmten Aufgaben wirksam geführt wird.

Stellen Sie dann eigene „S“ bezüglich der Führung dieses Mitarbeiters fest: Können und wollen Sie diesen Mitarbeiter führen? Fühlen Sie sich ihm gegenüber sicher oder unsicher?

Bestimmen Sie, welchen aktiven Führungsstil „F“ Sie sich selber gegenüber anwenden müssen: Wenn Sie diesen Mitarbeiter zwar führen können und gleichzeitig auch unsicher sind, (S3) müßten Sie Unterstützung haben. Sie können sich durch einen Dritten coachen lassen oder Ihre Unsicherheit selber aufklären.

Stellen Sie weiter fest, welchen Führungsstil Sie anwenden müßten.

FAZIT ***Regression eines Mitarbeiters bedeutet für Sie, sofort reagieren: Aufgabenverhalten und Beziehungsverhalten verändern. Kritik ist zum Stoppen der Regression ein sehr wichtiges Führungs- aber nicht Folterinstrument.***

4.5.4 Problematische Faktoren bei Mitarbeitern

Natürlich ist nicht jeder Mitarbeiter und nicht jede Mitarbeiterin immer in einer Aufwärtsspirale. Zu Einbrüchen kann es immer wieder kommen. Diese sind selbst bei sehr leistungsbereiten Mitarbeitern Teil des Entwicklungsprozesses.

Außerdem gibt es Faktoren, die Sie als Vorgesetzter sich deutlich machen müssen. Im folgenden geben wir Ihnen eine ganze Reihe von Faktoren, wo mögliche Probleme ihre Ursache haben können.

Checkliste 4.2: **Faktoren, die Probleme bei Mitarbeitern verursachen können.**

- *Intelligenz:* Zu wenig; zu viel; spezielle Defekte in Urteilen oder im Gedächtnis.
- *Emotionale Stabilität:* Übererregbar, ängstlich, depressiv, neidisch, eifersüchtig, sexuelle Probleme, Neurosen (Angstzustände), Psychosen (Wahrnehmungstrübungen), Alkoholprobleme, Tablettenabhängigkeit (Beruhigungsmittel, Aufputschmittel), Drogenabhängigkeit.
- *Arbeitsmotivation:* Niedrige Motivation; übersteigerte Motivation und Gefahr des Ausbrennens (workaholic!); niedrige eigene Anforderungen an die Qualität und Quantität; schlechte Arbeitstechniken und Mangel an Arbeitsorganisation; Frustrationen; Konflikte.

- *Familiensituation:* Eheprobleme; laufende oder nicht aufgearbeitete Trennung oder Scheidung; Erziehungsprobleme; Krankheiten von Familienmitgliedern; Trennung und Ablösung von früheren Freunden; finanzielle Probleme.
- *Physische Eigenschaften:* akute und chronische Krankheiten; körperliche Behinderungen; Stärke; Alter; Ausdauer; Aussehen und Körperbau.
- *Arbeitsgruppe und Team:* Zersplittert; zu eng; keine situative Führung; falsche Zusammensetzung der Persönlichkeiten; Rivalitäten; Umzug.
- Unternehmen: Unangepaßte Forderungen; zu wenig Investition und Managementunterstützung; schlechte Kommunikation; Führungs- und Kontrollspanne zu groß; Verantwortung ohne die nötige Autorität; strategische Allianzen; Übernahme durch andere Unternehmen; Verlegung des Firmensitzes; hohe Fluktuation in der Geschäftsleitung oder in einzelnen wichtigen Kernbereichen.
- Äußere Einflüsse: Arbeitsgesetze; Druck der Konsumenten und der Öffentlichkeit (Tschernobyl, Schweizerhallen); Arbeitssicherheitsvorschriften; Veränderungen in den Werten; wirtschaftliche Kräfte; Krisenzeit (Rezession); politischer und gewerkschaftlicher Druck.

Wenn Sie, lieber Leser, liebe Leserin, herausgefunden haben, was die ursächlichen Faktoren einer schlechten Leistung sind, können Sie diese als Entscheidungsbasis nehmen. Haben Sie diese Faktoren bereits mehrmals diskutiert und nichts veränderte sich, dann können Sie anfangen, über eine dokumentierte Kündigung nachzudenken.

4.6 Mit „aktivem Führen“ die Laufbahnentwicklung mit dem Mitarbeiter gestalten

4.6.1 Das Grundmodell der Laufbahnentwicklung

Kehren wir zurück zu H. Sol und seinem Chef, H. Taylor. H. Sol macht seine eigenen Aufgaben immer besser. Dem Vorgesetzten ist es wichtig, eine Perspektive mit H. Sol zu entwickeln. H. Taylor überlegt sich, wie das Potential optimaler genutzt werden könnte. In Gesprächen stellte er eine Unterforderung seines Mitarbeiters fest.

H. Taylor ruft seinen Personalchef H. Gordon an und bittet ihn um Hilfe. Sie vereinbaren ein Gespräch. Darin erläutert H. Gordon die Grundlagen für eine funktionierende Laufbahnentwicklung. Für uns, sagt H. Gordon, ist Laufbahnentwicklung eine herausfordernde notwendige Aufgabe aktiver Führungsarbeit. Wenn z. B. Weiterbildung Alibifunktion hat, ist das Geldverschwendung. H. Gordon zählt einige Beispiele für schlechte Weiterbildung im Rahmen der Laufbahnplanung auf:

- Mitarbeiter können Seminare einfach nach Belieben auswählen. Die Seminare sind nicht mit einem klaren Entwicklungsziel verbunden.
- Vorgesetzte treffen ihre Mitarbeiter nach einem längeren Seminar zufällig und sagen: „Na, hatten Sie schöne Ferien? Aber jetzt wieder an die Arbeit, und schaffen Sie wieder was!“ oder „Waren Sie krank?“.
- Vorgesetzte schicken ihre Mitarbeiter von sich aus zu unterschiedlichsten Führungsseminaren – mit der Begründung, daß die halt eine Abwechslung brauchen und etwas verdient haben.
- Mitarbeiter kommen aus einem Seminar emotionalisiert zurück. Ihr Verhalten ändert sich für die anderen Mitarbeiter plötzlich und unerwartet, und das schafft Verwirrung und Widerstand.

- Seminare leben nur von der Show des Trainers – ein Praxistransfer ist weder in Aufgaben noch in Fortsetzungen vorgesehen.

Unser H. Taylor sieht bei diesen Beispielen auch sich selber und könnte noch einige zufügen. Ihm ist jetzt klar, daß Weiterbildung als Investition gesehen werden muß. Es muß versucht werden, den Weiterbildungsnutzen abzuschätzen. Dann denkt er, kann er auch von einer echten zielorientierten Laufbahnplanung sprechen.

Es ist notwendig, daß Sie als Linienvorgesetzter über Rüstzeug zur Laufbahnentwicklung verfügen. Erfolgreiche Laufbahnentwicklung bringt für Sie als Vorgesetzten oder als Vorgesetzte eine ganze Menge Vorteile:

1. Bessere und größere Auswahl an qualifizierten Mitarbeitern.
2. Objektivere Einschätzung von Mitarbeitern.
3. Zuverlässigere Informationen über Ihre Mitarbeiter und Mitarbeiterinnen.
4. Echte Probleme kommen schneller hoch und müssen nicht mit überhöhten Kosten bekämpft werden.
5. Für den Mitarbeiter wird die eigene Entwicklung planbarer.
6. Für den Mitarbeiter werden eigene Chancen klarer.
7. Bessere Planung von Nachfolgeregelungen.
8. Der Selektionsprozeß wird beschleunigt.
9. Weg vom Fremd- und hin zum Eigenmarkt bei der Stellenbesetzung.

FAZIT ***Laufbahnentwicklung ist wichtiger Teil Ihrer Führungsaufgabe und bringt Ihnen viele Vorteile.***

Die Laufbahnentwicklung zeigen wir Ihnen im folgenden detaillierter mittels eines Modells auf. Dieses Grundmodell vereinfacht das komplexe Gebiet der Personalentwicklung (Abb. 4.2).

Was ist Anlaß Aktivität/Ereignis	**Welche Instrumente?**	**Wer ist verantwortlich?**	Notwendig = **NW** Ergänzend = **E**
	Personalpolitik	GL	*E*
	Personalplanung	P/Vg	*E*
Beförderung/ Nachqualifizierung	Anforderungsprofil	Vg	*NW*
	Stellenbeschreibung	Vg	*NW*
	Funktionsbeschreibung	Vg	*NW*
Vg selbst im tägl. Geschäft	Diagnose: Selbständigkeit des Mitarbeiters	Vg	*NW*
	Stärken-/Schwächenanalyse	Vg	*NW*
	Mitarbeiter- oder Leistungsbeurteilung	Vg	*NW*
	Verhalten: aktives Führen; Wahl der Führungsstile	Vg	*NW*
	Psychologische Einzeltests, wie	P	
	z.B. Leistungs-, Intelligenztests		*E*
	Persönlichkeitstests		*E*
	computergesteuerte Simulationstests		*E*
	(un-/halb/ganz) strukturierte Interviews		*E*
	biographische Fragebögen		*E*
	projektive Verfahren (z. B. Rohrschach)		*E*
	Spezielle Verhaltenstests	P	
	z.B. Assessment-Center		*NW*
	Führungsstiltests		*NW*
	Verkäufertests		*NW*
	Mitarbeitergespräch	Vg	*NW*
	Fördergespräch	Vg	*NW*
	Leistungsbeurteilung	Vg	*NW*
	Zielvereinbarungsgespräch	Vg	*NW*
Fördermaßnahmen	On-the-Job-Training	Vg	*NW*
	Unternehmensspezifische Aus- und Weiterbildung	P	*NW*
	Off-the-Job-Training:		
	Unternehmensfremde Aus- und Weiterbildung, z.B. öffentliche und private, berufsbegleitende Ausbildungen (z.B. IHK, Berufs-, Verkaufs-, Versicherungsakademien), MBA-Programme	P	*E*
Nachwuchssicherung	Nachfolgeplan pro Stelle	Vg	*NW*
	Nachfolgeplan pro Bereich	Vg	*E*
	Nachwuchsförderkonzept	P	*NW*
Defizite in diese Funktion durch diesen Mitarbeiter lösbar? ja / nein	Laufbahnentwicklung individuell	Vg	*NW*
Neueinstellung	Einstellungsverfahren und Diagnose-Instumente:		
	Personalfragebogen	P/Vg	*NW*
	Bewerberanalyse: Zeugnisse, Referenzen, Lebenslauf	P/Vg	*NW*
	Psychologische Einzeltests, s.o.	P	*NW*
	spezielle Verhaltenstests, s.o.	P	*NW*
	nebenamtliche Einführungen (z.B. bei Versicherungen)	Vg	*NW*
	On-the-Job-Tests	Vg	*NW*

Abkürzungen: *GL = Geschäftsleitung; Vg = Vorgesetzter; P = Personalstelle*

Abb. 42: Grundmodell der Personalentwicklung: Sie können sich aufgrund Ihrer betrieblichen Gegebenheiten Ihr eigenes kompaktes Personalentwicklungsmodell vor Ort gestalten.

4.6.2 Kernfragen zur effektiven Laufbahnentwicklung

Zur eigentlichen Laufbahnentwicklung, stellt der Personalchef dar, brauche es nur ein paar ganz einfache Fragen:

- „Wer ist der Mitarbeiter?“
- „Wo steht er?“
- „Was ist das Ziel?“
- „Womit kommt er ans Ziel?“
- „Wann erreichte er das Ziel?“
- „Wie erreichte er das Ziel tatsächlich?“

Der erste Schritt ist der wichtigste. Der Personalchef beauftragt H. Taylor, sich Gedanken über jeden Mitarbeiter zu machen. Es soll keiner ausgelassen werden, denn wenn H. Taylor das täte, hätte er ungenutztes Potential. H. Taylor soll sich gerade über die Mitarbeiter klar sein, für die er kein Entwicklungspotential sieht: Will er und kann er mit diesem Mitarbeiter zusammenarbeiten?

Wenn entschieden ist, wer entwickelt werden soll, geht es jetzt um die Frage:

„Wo steht der Mitarbeiter?“

Diese Frage zielt auf die klare Einschätzung der fachlichen wie menschlichen Stärken und Schwächen und möglicherweise unternehmensspezifische. H. Gordon bringt ein Hilfsmittel ein, das in Abb. 4.5 dargestellt ist. Es sind Grundkompetenzen dargestellt, mit denen sich Mitarbeiterverhalten konkret beschreiben läßt.

Konkret geht es um H. Sticker. Dieser ist ja seit einigen Jahren als EDV-Koordinator auf der reinen Fachebene beschäftigt. Er könnte aber offensichtlich auch noch Führungsaufgaben wahrnehmen. Die detaillierte Einschätzung macht dann H. Gordon im folgenden.

Aufgabe 4.10: Beschreiben Sie bitte die für jeden Mitarbeiter notwendigen Verhaltensweisen unabhängig von spezifischen Aufgaben. Geben Sie auch die Stärken/ Schwächen in diesen Verhaltensweisen und die sich daraus ergebenden Folgen und Chancen/Risiken an. Sie können die eingetragenen Dimensionen um eigene erweitern.

Setzen Sie auch gleich diese Aufgabe für sich selber bei einem konkreten Mitarbeiter ein. Der Blick geht auf beobachtetes und meßbares Verhalten. Wenn Sie die Grundelemente dargestellt und die Stärken und Schwächen beschrieben haben, tragen Sie die Selbständigkeit für diese Verhaltensweise in die entsprechende Spalte ein.

Mitarbeiterbeurteilung von:		
Stelleninhaber/in seit:	Vorgesetzte/r:	
	eigene Beschreibung	Selbständigkeit (S) momentaner und zukünftiger Führungsstil (F)
1. Persönlichkeit ● Flexibilität und Initiative ● Auftreten ● ●		S F(Ist) F(Soll)
2. Soziale- und Führungskompetenz ● Zusammenarbeit		S F(Ist) F(Soll)

• Zielorientiertes Arbeiten und Überzeugungskraft • Führungsverhalten (nur bei Führungsaufgaben) • Mitarbeiterentwicklung (nur bei Führungsaufgaben)		
3. Fach- und funktionale Kompetenz • Arbeitsqualität • Arbeitsquantität • •		S F(Ist) F(Soll)
4. Unternehmerische und strategische Kompetenz • Urteilsvermögen und Kontrolle • Kostenbewußtes Handeln • •		S F(Ist) F(Soll)

Abb. 4.3: Die Mitarbeiterbeurteilung zeigt die bisherige Leistung des Mitarbeiters an. Sie als Vorgesetzter können jetzt auch den Selbständigkeitsgrad Ihres Mitarbeiters bestimmen. Daraus leitet sich Ihr Führungsstil ab. Detailliertere Beschreibungen der Verhaltensweisen finden Sie im Anhang 4.

Wenn aufgrund der Ist-Analyse Klarheit über den Mitarbeiter herrscht, geht es als nächstes um mögliche Entwicklungs- und Laufbahnziele.

„Was ist das Ziel?"

Die Grundfrage bei der Mitarbeiterförderung ist immer: Fach- oder Führungslaufbahn. Klar ist heute, daß immer mehr Führungs- und vor allem Teamkompetenz gebraucht wird. Die Stichworte sind hier beispielsweise: projektorientiertes Arbeiten, Matrixstruktur in der Führung, prozeßorientiertes Handeln, d.h. zum Beispiel die scharfe Trennung zwischen Verkauf, Entwicklung und Produktion wird aufgelöst. Geffroy, als bekannter Verkaufstrainer, spricht hier auch von „Clienting".

Deutlich stellt hier H. Gordon fest, daß das Entwicklungsziel nicht einfach auf die nächste Beförderung gerichtet ist. „Aktives Führen" bedeutet hier ja nicht die Mitarbeiter von einer Hierarchiestufe in die nächste zu katapultieren. Die Zeiten sind vorbei, wo nur die Beförderung das Hauptziel war. „Aktives Führen" bedeutet, klare, mittelfristige Ziele für den Mitarbeiter definieren. Diese stellen eine echte Entwicklungschance dar. H. Gordon stellt dar, daß bei den Zielen immer zwei Aspekte eine Rolle spielen sollten: Förder- und Testaspekt.

Einerseits hat jedes Ziel zuerst einmal den Fördercharakter. Dieser zielt auf eine Weiterentwicklung des Mitarbeiters.

Andererseits beinhaltet der Testcharakter eines Zieles die Überprüfung eines Mitarbeiters. Stellt er sich den Herausforderungen? Wie geht er mit den Herausforderungen um? Sieht er vor allem die Probleme oder die Chancen? Kooperiert er oder bleibt er Einzelgänger? Findet er neue, alternative Wege oder bleibt er auf alten, vertrauten?

H. Gordon überlegt sich im Falle des H. Sticker, daß er noch nicht klar zwischen Fach- oder Führungslaufbahn entscheiden kann. Da fehlen noch Informationen. Damit ist ein Testcharakter in dieser Aufgabe schon formuliert: Sind Stärken auch auf der spezifischen Aufgabe „Führung verschiedener Mitarbeiter" feststellbar? Deshalb formuliert er für H. Sticker als das nächste Entwicklungsziel „Führenkönnen verschiedener Mitarbeiter".

Wenn das nächste Entwicklungsziel geklärt ist, geht es um die notwendigen Maßnahmen.

Womit kommt er zum Ziel? „Maßnahmen: Was braucht der Mitarbeiter, um zum Ziel zu kommen?"

Konkret sollen jetzt aufgrund der Ist-Analyse klare Maßnahmen zum Ziele der Mitarbeiterförderung beschlossen werden. Die Maßnahmen können in verschiedene Kategorien unterschieden werden: Job Enrichment, Job Enlargement und Job Rotation.

- Job Enrichment / Anreicherung der Aufgaben
  Der Mitarbeiter übernimmt qualitativ und quantitativ wertvollere Aufgaben mit mehr Verantwortung innerhalb seines eigenen Tätigkeitsfeldes. Damit wird auch ein sogenanntes On-the-Job-Training erreicht: Der Mitarbeiter lernt immer mehr mit seiner Position verbundene Aufgaben kennen und erfolgreich ausüben.
- Job Enlargement / Aufgabenerweiterung
  Der Mitarbeiter übernimmt zusätzliche, erweiterte und qualitativ wertvollere Aufgaben mit höherer Verantwortung außerhalb seines eigenen Tätigkeitsfeldes.
- Job Rotation
  Der jeweilige Mitarbeiter übernimmt eine gleichwertige, andere Funktion möglicherweise in einem anderen Team oder einer anderen Abteilung.

Training-off-the-Job beinhaltet Aus- und/oder Weiterbildungsmaßnahmen an betriebseigenen oder fremden Institutionen. Training-off-the-Job hat dabei möglicherweise nicht einmal etwas direkt mit der jetzigen Aufgabe zu tun, sondern stellt Weiterqualifizierungen dar.

Nicht zu vergessen ist natürlich der Selbständigkeitsgrad des Mitarbeiters. Das S, das der Mitarbeiter hat, entscheidet über die Form der Förderung. Die Bandbreite liegt zwischen straffem Darstellen mit klarem Anweisen einerseits und andererseits einem sehr offenen Gespräch.

H. Gordon entschließt sich zum Ziel der Führungslaufbahn und damit einem „On-the-Job"-Training. Im Falle des H. Sticker bedeutet das konkret, daß er zuerst einmal ein kleineres Projekt bearbeiten sollte. In diesem Projekt mit etwa drei anderen Teilnehmern würde er auch Ranghöhere führen müssen. Eine solche Projektführung wäre für ihn sehr schwer, weil er mit seinem reinen Spezialistenwissen nicht einfach so weiterkäme. Er müßte gut argumentieren, d.h. sein Aufgabenverhalten den Kenntnissen der Gruppe angleichen. Gleichzeitig müßte er vor allem auf der Beziehungsebene arbeiten. Das bedeutete für H. Sticker viel diskutieren und viel zuhören, damit er die Gruppe gewinnen kann. Ihm fehlt in der Projektarbeit die eigentliche „formale Autorität", was ja genau Projektarbeit so schwierig macht.

Jetzt taucht natürlich sofort die Frage auf:

„Wie lange braucht er bis zum Ziel?"

Verschiedene Aspekte spielen bei der Zeitperspektive mit eine Rolle: die gesamtbetriebliche Situation; die Situation in der direkten Umgebung des Mitarbeiters, möglicherweise auch ungeklärte Fragen zur Nachfolgeregelung in einem anderen Bereich, die persönliche Situation, wie z.B. berufliche Wünsche oder private Probleme, können Zurückhaltung erfordern.

Wichtig ist, Ziele mittelfristig (2 bis 5 Jahre) und konkret zu formulieren. Das Risiko ist sonst, daß die Ziele mit deren Maßnahmen von der schnellen betrieblichen Veränderung überrollt werden. Andererseits gilt es natürlich durch eine längerfristige Planung gerade in der Laufbahnentwicklung dem Mitarbeiter eine Kontinuität und Verläßlichkeit zu vermitteln.

Die zeitliche Einschätzung ist auch insbesondere für die Nachwuchs- und Nachfolgeplanung wichtig. Sie müssen wissen, wie lange für bestimmte Funktionen Mitarbeiter fehlen, bzw. entwickelt werden müssen.

Im Falle des H. Sticker ist H. Taylor eher die langfristige Perspektive wichtig. Wenn nicht solche Maßnahmen mit diesem cleveren Kopf geplant werden, wird er Herausforderungen in einem anderen Unternehmen suchen. Das zunächst gesetzte Ziel müßte jedoch in einem halben Jahr erreicht werden. Ein längerfristiges Projekt hat aufgrund der betrieblichen Situation keine Chance.

Schließlich muß periodisch immer wieder die Frage gestellt werden:

„Erreichte er nach einer gewissen Zeit das Ziel?“

Die erfolgte Zielkontrolle stellt periodisch die möglichen Abweichungen fest. Eine nicht überprüfte Fördermaßnahme ist dieselbe nicht wert. H. Taylor notiert sich deshalb diesen Termin mit H. Sticker für sein nächstes formales Mitarbeitergespräch. In diesem wird der Test- wie auch der Fördercharakter überprüft. Die Frage ist dann klar: Welche Selbständigkeit hat H. Sticker in Bezug auf die Führung einer Arbeitsgruppe? Ist er von der S2 auf die angepeilte S4 gekommen?

4.6.3 Das Fördergespräch

4.6.3.1 Kernfragen

Kern jeder Mitarbeiter-Entwicklung ist das regelmäßige Gespräch. Dieses hat viele Namen und Schattierungen: Beurteilungs-, Mitarbeiter- und Fördergespräch. Klar ist natürlich, daß jede Förderung einen Rückblick, eine momentane Feststellung und einen Ausblick mit Abmachungen beinhalten muß. Wir konzentrieren uns im folgenden auf das Fördergespräch und die Beurteilung darin.

Der Kern einer Beurteilung ist erreicht, wenn zwei Menschen – der Führende und der Geführte – jedes Jahr einmal zusammensitzen und sich die folgenden Fragen beantworten:

- Was wollten wir im vergangenen Jahr erreichen?
- Haben wir das getan?
- Was haben wir sonst noch getan?
- Was machen wir als nächstes?
- Wie messen wir, daß wir es getan haben?

Alles, was über diese vier Fragen hinausgeht, macht den Entwicklungsprozeß reicher. Das Risiko wächst, daß er nicht gemacht wird. Die Chancen steigen, daß der Mitarbeiter motivierter den Entwicklungsprozeß mitgestaltet.

Das regelmäßige Fördergespräch dient der Fixierung der auf die Funktion ausgerichteten Absichten. Der Fördercharakter schließt neben den auf die Funktion ausgerichteten Zielen immer auf jeden Fall die beruflichen und persönlichen Absichten der Mitarbeiter ein. Der Mitarbeiter muß sich schließlich mit Ihren Absichten und mit denen des Unternehmens identifizieren können und wollen (S4 sein!).

Checkliste 4.3: Wichtige Verhaltensweisen für den Vorgesetzten im Fördergespräch

	ja	nein
• Keine Monologe des Chefs – situativ angemessene Redezeit.	o	o
• Beobachtete und dokumentierte Fakten, statt Meinungen.	o	o
• Der Beurteilte/Zu Fördernde ist selber genügend vorbereitet.	o	o
• Zeit, statt Hetze und Pflichtübung.	o	o
• Ruhige, nicht einsehbare Umgebung.	o	o
• Ausgewogene Betonung der Schwächen und Stärken.	o	o
• Spezielle (z.B. private) Umstände sind miteinbezogen.	o	o
• Die Beurteilung wird über einen längeren Zeitraum erstellt.	o	o
• Voraussetzungen für das Urteil sind kritisch geprüft.	o	o

IHRE BEURTEILUNG IST DERARTIG GUT, DASS ICH MICH ENTSCHLOSSEN HABE, MEINEN SCHREIBTISCH MIT IHNEN ZU TEILEN
ZEUGNIS
WB.

4.6.3.2 Absicht und Ziele des Gespräches

Durch das Instrument „Fördergespräch“ soll eine Idee und Vision für die Laufbahn entwickelt werden. Natürlich basiert diese Vision auf Annahmen, die durch den Prozeß jährlich immer wieder angepaßt werden können. Diese Vision leitet die Entwicklung.[2] Der Mitarbeiter muß jedoch durch das Fördergespräch zu realistischen Visionen geführt werden, denn er hat sie in der Regel nicht automatisch.

Die Kernfragen des Gespräches sind:

- Welche Position hat der Mitarbeiter?
- Welche beruflichen und andere Zusatzausbildungen hat der Mitarbeiter?
- Welches sind bereits bekannte Fertigkeiten dieses Mitarbeiters?
- Welches sind die gegenwärtigen Leistungen und Stärken?
- Welches sind die gegenwärtigen Schwächen und Aufgabengebiete, die der Mitarbeiter meidet?
- Was ist die persönliche Idee des Mitarbeiters über den weiteren Verlauf seiner Laufbahn in einem Zeitrahmen von 2 bis 5 Jahren?
- Was soll konkret der nächste Entwicklungsschritt sein?
- Welche flankierenden Maßnahmen werden miteinander zur Erreichung des nächsten Entwicklungsschrittes unternommen?

Das Fördergespräch ist eines der wichtigsten Führungsinstrumente zur Entwicklung des Mitarbeiters. Wir wollen Ihnen auf jeden Fall ein Grundgerüst geben, mit dem Sie sofort ein solches Fördergespräch aktiv führen können. Inhalt, Form und Ablauf des Fördergespräches sind dem Mitarbeiter vorher bekannt. Dies erleichtert den schnellen thematischen Einstieg.

---

[2] Unterstützung kann zusätzlich durch die Einrichtung eines Förderworkshops vermittelt werden, in dem der Betreffende sich mit seiner eigenen Laufbahn einmal tiefer auseinandersetzt. In diesem Workshop wird über persönliche und berufliche Visionen diskutiert. Diese führen zu einem konkreten Handlungsplan.

Checkliste 4.4: Ablauf eines Fördergespräches

	ja	nein
1. Stimmen Sie sich über das Datum (regelmäßig), den Zeitpunkt (nach hinten offen), die Dauer (möglicherweise unbestimmt) und den Ort (ruhig, nicht einsehbar) frühzeitig (mindestens eine Woche vorher) ab.	o	o
2. Stellen Sie sicher, daß Sie am Besprechungsort wirklich ungestört sind (Telefon, Besucher)	o	o
3. Reservieren Sie genügend Zeit (mindestens 2 Stunden).	o	o
4. Bereiten Sie alle relevanten Informationen, Beobachtungen, frühere gemeinsam erstellte Abmachungen, Ziele und errreichte Ergebnisse vor.	o	o
5. Bitten Sie die Mitarbeiterin oder den Mitarbeiter, sich ebenfalls Gedanken über frühere gemeinsam erstellte Abmachungen und Ziele, errreichte Ergebnisse, aufgetauchte Probleme und zukünftige Erwartungen zu machen (siehe z.B. Abb. 2.2, Abb. 2.3, Abb. 4.7, Abb. 4.8).	o	o
6. Machen Sie zuerst die zu besprechenden Punkte ab. Klären Sie das gemeinsame Ziel.	o	o
7. Bitten Sie den Mitarbeiter, die Mitarbeiterin, die eigene Einschätzung der Leistung Punkt für Punkt darzustellen.	o	o
8. Bitten Sie sie oder ihn, Probleme, welche die Leistung behinderten, darzustellen.	o	o
9. Bitten Sie sie oder ihn, die Auswirkungen und Konsequenzen der Probleme auf Ereignisse, Arbeitsabläufe, Mitarbeiter, Kollegen und evtl. das Team darzustellen.	o	o
10. Bitten Sie darum darzustellen, was zur Lösung verändert und getan werden muß: Von ihm selber, von Ihnen oder von anderen Stellen.	o	o
11. Einigen Sie sich über die wichtigsten Ergebnisse. Treffen Sie dazu Abmachungen, und halten Sie diese fest.	o	o
12. Fordern Sie den Mitarbeiter oder die Mitarbeiterin heraus, Vorschläge zur Überprüfung zu machen.	o	o
13. Einigen Sie sich darauf, wer, wie, wann und mit was Abmachungen und erzielte Ergebnisse überprüft.	o	o
14. Einigen Sie sich konkret auf die nächsten Schritte.	o	o
15. Stellen Sie sicher, daß die Beurteilung vollständig, vereinbart und unterzeichnet ist.	o	o
16. Schließen Sie das Gespräch mit einer festen Terminabsprache, bei der Zwischenergebnisse diskutiert werden.	o	o

Vorbereitung und Zielformulierung eines Fördergespräches

Teilnehmer: Sticker, Taylor

Termin/Ort: 14. 1. 94/ 11.30, sein Büro

1. Was ist mein Hauptziel bei der Besprechung?
   - Letzte Abmachungen überprüfen
   - Klärung der Mitarbeiterbeurteilung
   - Nächste Schritte gemeinsam festlegen
2. Welche Punkte könnten/müssen zur Sprache kommen?
   - Klarheit geben, daß der bisherige Weg gut war und die zuletzt getroffenen Abmachungen im Fördergespräch von ihm eingehalten wurden.
   - Ich will seine Meinung zu meiner Einschätzung haben.
   - Entwicklungsmöglichkeiten aufzeigen.
   - Will er bleiben? Stimmt sein Zeitplan mit meinem überein?
3. Welche Entscheidungen könnten/müssen getroffen werden?
   - Besondere Ausbildungsmaßnahmen
   - Welche Schwerpunkte sollen gesetzt werden?
4. Was muß ich erreichen (Muß-Ziel)?
   - Klare Zielvereinbarung abmachen
5. Was möchte ich erreichen (Wunschziel)?
   - Der Mitarbeiter schlägt den weiteren Weg selber vor und ist bereit, sich hineinzuknien.

6. Was muß ich vermeiden?
   - Zwang auszuüben
   - Feste Beförderungszusagen
   - Es darf nicht auf Alibimaßnahmen oder etwa einen Anspruch auf bestimmte Maßnahmen hinauslaufen.
7. Was möchte ich vermeiden?
   - Eindruck, mein Ziel mit allen Mitteln erreichen zu wollen.
8. Was muß mein Gesprächspartner erreichen?
   - Klarheit über das weitere Vorgehen, das wir mit ihm planen.
   - Sich Termine und bereits getroffene Vereinbarungen bestätigen lassen.
9. Was möchte mein Gesprächspartner erreichen?
   - ?
10. Was muß mein Gesprächspartner vermeiden?
    - Wischi-Waschi-Beiträge, allgemeines Gerede; unklare Aussagen von mir.
11. Wo liegen mögliche Zielkonflikte?

Abb. 4.4: Das Fördergespräch zeigt die Ziele des Vorgesetzten und des Mitarbeiters.

Wenn im Fördergespräch Beurteilungen eingesetzt werden: Generell gilt, daß jedes Beurteilungssystem selber auch wieder einer laufenden Kontrolle bedarf. Auch müssen die eingesetzten Instrumente immer wieder an veränderte Bedürfnisse und Kenntnisse angepaßt werden. Wiederholt verwendete Instrumente laufen einfach Gefahr, daß sie routinemäßig abgehakt werden und dadurch verkommen. Wenn Ihre

Personalabteilung immer wieder neue Versionen des Instrumentes bringt, bedeutet das, daß diese die Entwicklung auch bei Vorgesetzten fördern. Wenn Sie vom Personalbereich keine kennen, fragen Sie einfach nach.

Sie selber können die Wirkung Ihrer Vorgehensweise überprüfen, indem Sie sich einige kritische Fragen stellen (Checkliste 4.5). Sie können auch den Mitarbeiter am Schluß des Gespräches befragen (Checkliste 4.6).

Checkliste 4.5: **Überprüfung des Vorgehens bei einem Fördergespräch – für den Chef**

	ja	nein
• Mir war die vergangene Laufbahn des Mitarbeiters klar.	o	o
• Mein Mitarbeiter stimmte meiner Beurteilung zu.	o	o
• Mein Mitarbeiter paßte in der Beurteilung in die gesamte Arbeitsgruppe.	o	o
• Wir hatten beide die gleichen Vorstellungen über die zukünftige Laufbahn.	o	o
• Wir hingen nicht lange an einzelnen Details fest, sondern konzentrierten uns auf das Wesentliche.	o	o
• Wir gingen wie Partner im Fördergespräch miteinander um – es machte sogar Spaß!	o	o
• Wir hatten die gleichen Vorstellungen über das Ergebnis des Fördergespräches.	o	o

***Checkliste 4.6:* Überprüfung des Vorgehens bei einem Fördergespräch – für den Mitarbeiter**

	ja	nein
• Dem Chef war meine bisherige Laufbahn klar.	o	o
• Ich stimmte seiner Beurteilung zu.	o	o
• Wir hatten beide die gleichen Vorstellungen über meine zukünftige Laufbahn.	o	o
• Wir hingen nicht lange an einzelnen Details fest, sondern konzentrierten uns auf das Wesentliche.	o	o
• Wir gingen wie Partner im Fördergespräch miteinander um – es machte sogar Spaß!	o	o
• Wir hatten die gleiche Vorstellung über das Ergebnis des Fördergespräches.	o	o

FAZIT ***Der Start, die Planung und die praktische Umsetzung einer Laufbahnentwicklung hängt immer von Ihrem persönlichen Wollen als Vorgesetzter ab. Allein Sie haben die Möglichkeit, mit dem Mitarbeiter die Laufbahn als Berater zu planen. In größeren Unternehmungen ist bei funktionierender Personalentwicklung viel Unterstützung von dieser Seite gegeben, die Sie auf jeden Fall in Anspruch nehmen sollten.***

4.6.4 Die Zielvereinbarung

Ein echtes Fördergespräch im Rahmen der Laufbahnplanung und Personalentwicklung wird konkret die nächsten Schritte festhalten. Förderung heißt konkrete Veränderung. Zu konkreten Veränderungen braucht es Maßnahmen wie z.B. Weiterbildung, die diese zukunftsgerichtete Entwicklung stützt.

Allerdings ist eine Weiterbildungsmaßnahme ohne klar formulierte Bildungsziele im Rahmen eines mittel- bis langfristigen Ausbildungsplanes verschwendetes Geld.

Im letzten Schritt gilt es für Sie als Vorgesetzter zusammen mit Ihrem Mitarbeiter konkrete Maßnahmen und einen Handlungsplan (mit z.B. drei konkreten Ausbildungs- und Weiterbildungsgängen) festzulegen. Damit Ihnen der Transfer in Ihren Bereich des Führens und damit in die eigene Praxis leichter fällt, haben wir ganz bewußt unser Beispiel auf Sie zugeschnitten.

Zielvereinbarungen sind ein notwendiges Instrument zur Entwicklung des Mitarbeiters. Allerdings sind Zielvereinbarungen ohne klare Maßnahmen wertlos. Wenn Sie wollen, nehmen Sie nun die Stärken-Schwächen-Analyse eines Mitarbeiters, und leiten Sie daraus konkrete Ziele für diesen ab.

FAZIT ***Echte Laufbahnentwicklung hat klare Ziele und klare Abmachungen zum Inhalt, die regelmäßig überprüft werden.***

Zielvereinbarung und Fördermaßnahmen für:				
Ziel (Wo will ich hin?)	Meßgröße (Wie sehe ich das Erreichte?)	Maßnahmen/ Handlungen (Was mache ich?)	Förder-maßnahmen (Was brauche ich?) Andere Aufgaben Ausbildung	Termin (Bis wann?)
Unterschrift des Vorgesetzten __________________ Funktion: ____________			Unterschrift des Mitarbeiters __________________ Funktion: ____________	

Abb. 4.5: Die Zielvereinbarung bringt klare Maßnahmen und Handlungen zur Zielerreichung.

4.6.5 Der Nachfolgeplan

In Kürze erfahren Sie hier das Wichtigste für eine systematische Nachfolgeplanung. Sie ist sehr pragmatisch orientiert und kann als persönliche Handlungsanleitung gebraucht werden.

Mitarbeiter kündigen, sie werden in andere Bereiche versetzt, Ausscheiden aus Altersgründen, Aufstieg, Austritt, Schwangerschaft, Erkrankung, Job-Rotation: Die Fluktuation ist einfach immer da. Die Lösung ist eine systematischere Nachfolgeplanung. Diese Investition hilft z.B. Fehlbesetzungen zu reduzieren und „Feuerwehrübungen“ zu vermeiden. Sie entscheiden selber, ob Sie dieser systematisch oder unvorbereitet begegnen.

Der konkrete Plan für die Förderung potentieller Nachfolger und die Besetzung frei werdender wichtiger Positionen basiert auf einigen Punkten:

- Fluktuation
- Organigramm
- zu erwartende Änderungen in der Organisationsstruktur
- Dauer der erforderlichen Einarbeitungszeit für den Nachwuchs und die
- Absicht oder Notwendigkeit, eine bestimmte Position nicht mit einem Nachfolger aus dem eigenen Hause zu besetzen.

GEWISS, ZIELSTREBIG IST ER – NUR BESTEHT SEIN ZIEL DARIN, SICH AUF MEINE KOSTEN ZU PROFILIEREN!
WB.
OH

4.6.5.1 Methodisches Vorgehen

Der Plan zeigt im Detail,

1. ob und wo für wichtige Positionen und für höhere Führungsfunktionen potentielle Nachfolger oder Nachwuchs vorhanden sind.
2. wer die Nachfolger mit welcher Eignung sind;
3. wo mittelfristig (2–5 Jahre) Veränderungen vermutet werden;
4. wie Veränderungen räumlich und zeitlich, auf der Sach- wie auch der Beziehungsebene, in eine geordnete Reihenfolge zu bringen sind;
5. warum Maßnahmen (Positionenveränderungen, Personalentwicklungen) zu ergreifen sind;
6. was mögliche Maßnahmen sind;
7. wie Kandidaten vorbereitet werden müssen;
8. wo Kandidaten von innen kommen oder von außen beschafft werden müssen.

4.6.5.2 Absicht und Ziele

Mit dem Nachfolgeplan wird ein Überblick der möglichen, wahrscheinlichen und sicheren Positionenveränderungen erreicht.

Der Überblick zielt auf die Nachfolgesicherung in Anzahl und Qualität durch die Entwicklung geeigneter Nachfolger. Diese sollen vorbereitet ihre neue Aufgabe angehen können. Dazu müssen die gegenwärtigen und zu entwickelnden Fertigkeiten, das heißt, das noch nicht genutzte Potential, festgestellt werden.

Mit dem Planungsprozeß wird das Ziel verfolgt, sich dauernd mit der Fähigkeitsentwicklung eines jeden höheren Mitarbeiters auseinanderzusetzen. Das fordert die dauernde Überprüfung, ob das Anforderungsprofil für bestimmte Positionen noch stimmt oder bereits modifiziert werden muß. Nur das dauernde „Sich-mit-Förderung-Beschäftigen“ bringt schließlich auch die Förderung. Das bedeutet, daß die Nachfolgeplanung, besser die Nachwuchsplanung, ein Dauerthema und eine Führungsaufgabe eines jeden Vorgesetzten ist.

Die Ausarbeitung des Nachfolgeplanes vollzieht i.d.R. nur etwas nach, was ohnehin bereits mehr aus dem Gefühl heraus gemacht wird. Die Planerstellung ist deshalb für alle eine notwendige Anleitung zum Ergreifen der Maßnahmen in den folgenden Bereichen:

- Frühzeitige Vorbereitung förderungswürdiger Mitarbeiter, der wichtigen Führungsstufen (z.B. Gruppenchefs, Abteilungsleiter, Hauptabteilungsleiter, Mitglieder der Direktion oder der Geschäftsleitung).
- Frühzeitige Planung und Beschaffung der o.a. Mitarbeiter innerhalb des Unternehmens oder auch von außerhalb.

4.6.5.3 Erstellung des Nachfolgeplanes

Mit den vorliegenden Instrumenten können Sie jetzt sofort Ihren Nachfolge- und Nachwuchsplan aufstellen. Es braucht dazu nur die Beantwortung der folgenden Checkliste 4.7, die bereits eingeführten Basisinstrumente Mitarbeiterbeurteilung (Abb. 4.3), Zielvereinbarung (Abb. 4.5) und der in diesem Kapitel erläuterte Nachfolgeplan (Abb. 4.9 und Abb. 4.11).

Checkliste 4.7: **Grundfragen bei der Nachfolgeplanung**

1. Welches sind die wichtigen Positionen?
2. Welche Positionen sind sicher in 2 Jahren durch neue Stelleninhaber besetzt?
3. Welcher Grund oder welche Absicht steht hinter einer Neubesetzung?
4. Wer kommt als Nachfolger in Frage?
5. Welche Positionen sollen frühestens in 2 Jahren durch neue Stelleninhaber besetzt werden?
6. Wer sollen die Nachfolgekandidaten sein?
7. Welches sind die Fördermaßnahmen, wer bespricht sie, und wer kontrolliert die Durchführung?
8. Wo fehlt z.Z. ein geeigneter Förderkandidat?
9. Welches sind die Aktivitäten für vorhandene Lücken?

Bezüglich der Funktion sind die Fragen zu beantworten:

10. Was ist gegenwärtige Anforderung für diese Position/Funktion?
11. Was wird die zukünftige Anforderung an diese Position/Funktion sein?
12. Wie muß sich der gegenwärtige Inhaber entwickeln – Entwicklungsmaßnahmen?
13. Wie muß sich der zukünftige Inhaber entwickeln – Entwicklungsmaßnahmen?

Nachfolgeplan für die Stelle (Übersicht):

Ausfüllender Vorgesetzter (Vorname, Name): Datum:

Wechsel ist sicher (>75%) ☐
möglich (<75%) ☐
kein Wechsel vorgesehen ☐
Datum des Wechsels:

	Entwicklungsziele	Einsatz-potential (s. u.)	Leistung (Bitte in eigenen Worten)	Lebens-/ Dienst-/ Funktions-alter	Entwick-lungs-stand (s. u.)
StelleninhaberIn		(a) ☐ (b) ☐ (c) ☐ (d) ☐			(a) ☐ (b) ☐ (c) ☐ (d) ☐ (e) ☐
NachfolgerIn 1		(a) ☐ (b) ☐ (c) ☐ (d) ☐			(a) ☐ (b) ☐ (c) ☐ (d) ☐ (e) ☐
NachfolgerIn 2		(a) ☐ (b) ☐ (c) ☐ (d) ☐			(a) ☐ (b) ☐ (c) ☐ (d) ☐ (e) ☐
NachfolgerIn 3		(a) ☐ (b) ☐ (c) ☐ (d) ☐			(a) ☐ (b) ☐ (c) ☐ (d) ☐ (e) ☐

Einsatzpotential:

Der Mitarbeiter ist in der Lage, seine Kompetenzen für höherwertige Tätigkeiten auszubauen

(a) Einsatz als Hauptabteilungsleiter möglich; (Führungseignung?)
(b) Einsatz als Abteilungsleiter möglich; (Führungseignung?)
(c) Einsatz als Teamleiter möglich; (Führungseignung?)
(d) Einsatz als Fachspezialist (Stufe1) möglich
(e) Einsatz als Fachspezialist (Stufe2) möglich
(f) Einsatz als Fachspezialist (Stufe3) möglich
(g) Entwicklungspotential noch nicht definierbar

Entwicklungs- und Ausbildungsstand:

Zeitliche Möglichkeit, eine höherwertige Tätigkeit zu übernehmen, und Ausbildungsstand

(a) Position kann sofort übernommen werden
(b) Positionsübernahme erfordert kurze Einarbeitung
(c) Positionsübernahme innerhalb eines Jahres möglich
(d) Positionsübernahme innerhalb von zwei Jahren möglich
(e) Positionsübernahme nach über zwei Jahren möglich

Abb. 4.6: Der Nachfolgeplan für die einzelne Stelle gibt die Verfügbarkeit von Personen an.

Hauptabteilungsleiter Gesamtbereich				
Stelleninhaber	Alter	DA/ FU	Eins. Pos.	Ausb. stand
Herr/Frau X	62	15/12	..	..
Herr/Frau A	59	11/03	a	1
Herr/Frau B	48	20/02	c	1
Herr/Frau C	37	04/01	d	3
Herr/Frau D	44	07/01	c	5

Abteilungsleiter:				
Herr/Frau M	48	03/01	a	1
Herr/Frau E	26	04/04	c	2
Herr/Frau F	35	15/12	b	2
Herr/Frau G	42	21/12	d	3

Abteilungsleiter:				
Herr/Frau L	37	01/01	d	5
Herr/Frau				
Herr/Frau				
Herr/Frau				

Einsatzpotential

(a) Einsatz als Hauptabteilungsleiter (Hierarchiestufe 1) möglich (Kriterium: Führungseignung)
(b) Einsatz als Abteilungsleiter (Hierarchiestufe 2) möglich (Kriterium: Führungseignung)
(c) Einsatz als Teamleiter (Hierarchiestufe 3) möglich (Kriterium: Führungseignung)
(d) Einsatz als Fachspezialist (Hierarchiestufe 1) möglich
(e) Einsatz als Fachspezialist (Hierarchiestufe 2) möglich
(f) Einsatz als Fachspezialist (Hierarchiestufe 3) möglich
(g) Entwicklungspotential noch nicht definierbar

Entwicklungsdauer und Ausbildungsstand

(1) Position kann sofort übernommen werden
(2) Position erfordert kurze Einarbeitung
(3) Positionsübernahme innerhalb eines Jahres möglich
(4) Positionsübernahme innerhalb von zwei Jahren möglich
(5) Positionsübernahme nach über zwei Jahren möglich

Abb. 4.7: Der Nachfolgeplan über das Organigramm gesehen zeigt für die Organisation die Verfügbarkeit von Personen an. Es ist schnell klar, wo Nachwuchs vorhanden ist und wo andererseits sehr stark gefördert werden muß.

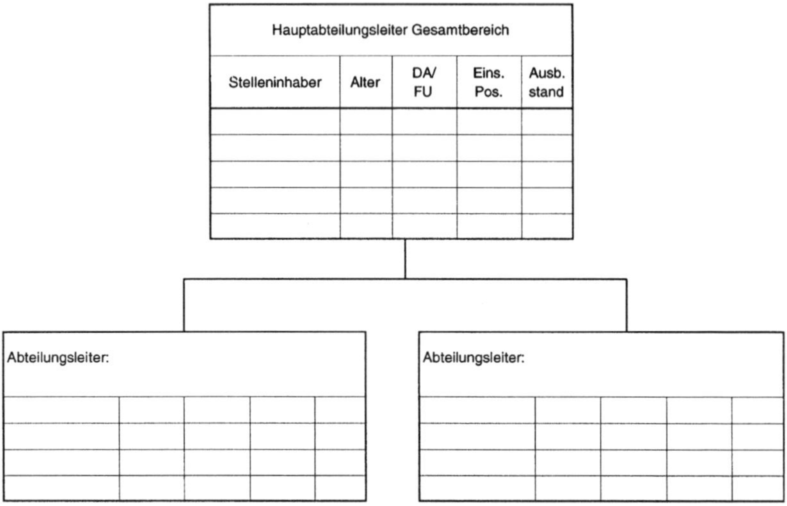

Einsatzpotential

(a) Einsatz als Hauptabteilungsleiter (Hierarchiestufe 1) möglich (Kriterium: Führungseignung)
(b) Einsatz als Abteilungsleiter (Hierarchiestufe 2) möglich (Kriterium: Führungseignung)
(c) Einsatz als Teamleiter (Hierarchiestufe 3) möglich (Kriterium: Führungseignung)
(d) Einsatz als Fachspezialist (Hierarchiestufe 1) möglich
(e) Einsatz als Fachspezialist (Hierarchiestufe 2) möglich
(f) Einsatz als Fachspezialist (Hierarchiestufe 3) möglich
(g) Entwicklungspotential noch nicht definierbar

Entwicklungsdauer und Ausbildungsstand

(1) Position kann sofort übernommen werden
(2) Position erfordert kurze Einarbeitung
(3) Positionsübernahme innerhalb eines Jahres möglich
(4) Positionsübernahme innerhalb von zwei Jahren möglich
(5) Positionsübernahme nach über zwei Jahren möglich

Abb. 4.8: Die Nachfolgeplanung für eine organisatorische Einheit zeigt mögliche schwarze Löcher. Selbstverständlich dient dieses Arbeitsblatt nur als Hilfe zur Formulierung, passend für die eigenen Strukturen.

FAZIT *Die Nachfolgeplanung sichert den Überblick über eigene Mitarbeiter und verhindert „Feuerwehrübungen“ und Fehlbesetzungen.*

4.7 Nächste Schritte

4.7.1 Eigene Problembereiche erkennen

Sie haben jetzt alle aktiven Führungsinstrumente kennengelernt. Bitte machen Sie sich zum Schluß ganz kurz einige Gedanken, welche Problembereiche Sie bei sich selber noch sehen. Zu Ihrer Hilfe haben wir im folgenden einige Fragen zusammengestellt.

- Welches Bild habe ich und andere von meinem Mitarbeiter?
- Welche Stärken oder Schwächen hat mein Mitarbeiter?
- Wie beurteile ich Selbständigkeit?
- Wie führe ich der Situation angepaßt?
- Wie löse ich Probleme strukturiert?
- Was sind meine Führungsstile?
- Was ist die Grundlage meiner Diagnose von Situationen?
- Wie kann ich leichter Gespräche ohne Streit mit meinem Mitarbeiter aktiv führen?
- Wie schätze ich das Verhalten von Mitarbeitern ein?
- Wie kann ich erreichen, daß in Gesprächen Vereinbartes wirklich eingehalten wird?
- Wie packe ich speziell Führungsprobleme an?
- Wie gehe ich mit formalen Aspekten um?

4.7.2 Aktionsplan zur Umsetzung

Aufgabe 4.11: Nehmen Sie die Mitarbeiterbeurteilung und führen Sie diese mit sich selber durch.

Stellen Sie bei sich fest, welche Stärken und Schwächen Sie haben.

Beurteilen Sie Ihre Selbständigkeitsgrade.

Führen Sie die Zielvereinbarung mit sich selber durch.

Treffen Sie mit sich selber Abmachungen:

- Welche Aktionen erarbeiten und führen Sie durch?
- Was müssen Sie noch tun?
- Was haben Sie noch für Defizite?
- Setzen Sie Termine fest.

Aufgabe 4.12: Überprüfen Sie Ihre bisher erstellten Unterlagen. Vervollständigen Sie, was Sie bisher noch nicht abgeschlossen haben.

Anhang 1: Überprüfen Sie Ihre Führungsstile

Ziel: Erkennen, welche Führungsstile Sie selber nutzen.

Ablauf:

1. Entscheiden Sie sich für einen ganz bestimmten Mitarbeiter.
2. Lesen Sie den ersten Abschnitt unter der Situation.
3. Entscheiden Sie, welche der vier angegebenen Verhaltensweisen Sie in dieser Situation selber wählen. Wie verhalten Sie sich in den angegebenen Situationen? Kreuzen Sie bitte dieses Verhalten an! Es ist nur eine Antwort möglich.
4. Übertragen Sie Ihre Antworten in den Teil B.
5. Arbeiten Sie dann Teil C durch.

Teil A

1.1 Situation

Sie haben eine sehr wichtige Aufgabe durchzuführen. Eine Mitarbeiterin opponiert ohne ersichtliche Gründe heftig in einer Besprechung, obwohl Sie diese Aufgabe bisher nicht konnte.		
Ihre eigenen Verhaltensweisen:		
Sie weisen sie einfach klar auf das Ziel, die spezielle Aufgabe, die Dringlichkeit und die verteilten Funktionen hin und dulden keinen Widerspruch.	a	☐
Sie weisen sie auf das Ziel, die spezielle Aufgabe, die Dringlichkeit und die verteilten Funktionen hin. Sie suchen sie in einer Diskussion von der Wichtigkeit zu überzeugen.	b	☐

Sie fragen nach, was los ist und hören vor allem erst einmal zu. | c ☐

Sie lassen sie einfach. Die beruhigt sich wieder. | d ☐

1.2 Situation

In der gleichen Besprechung ist eine neue Mitarbeiterin zum ersten Male dabei. Sie hat noch wenig Wissen vom Ganzen und beteiligt sich trotzdem positiv an der Diskussion.

Sie stoppen sie und weisen sie darauf hin, zuerst einmal alle Hintergründe und technischen Details kennenzulernen. | a ☐

Sie anerkennen ihre Beiträge und suchen sie zu überzeugen, zuerst die Hintergründe und technischen Details aufzuarbeiten. | b ☐

Sie hören zu und bitten sie, doch einmal ihre Vorgehensweise und Bedenken zu äußern. | c ☐

Sie überlassen es ihr selbst zu erkennen, daß ihre Beiträge zwar anregend aber wenig gehaltvoll in diesem Stadium sind. | d ☐

1.3 Situation

Die gleiche Arbeitsgruppe mit erfahrenen Mitarbeitern und Mitarbeiterinnen zeigt sich in einer Besprechung sehr ungehalten und heftig über die Entscheidung, das Projektbudget aufgrund der aktuellen Kostensituation um 10% zu kürzen.

Sie verweisen darauf, daß die aktuelle Kostensituation wirklich drastisch ist. Sie lassen keine Diskussionsbeiträge zu diesem Punkt mehr zu.	a	□
Sie verweisen darauf, daß die aktuelle Kostensituation wirklich drastisch ist. Sie zeigen auch auf, wie sich das in anderen Bereichen auswirkt und lassen einzelne Fragen zu diesem Punkt zu.	b	□
Sie hören einfach zu und signalisieren Verständnis für die Betroffenheit. Sie regen an, gemeinsam nach Möglichkeiten zu suchen.	c	□
Sie hören zu und überlassen es der Arbeitsgruppe, sich später auszutauschen.	d	□

1.4 Situation

Ein technisches Problem wird von einer Spezialistin angesprochen, und sie erläutert, wie sie dieses lösen wird.		
Sie nehmen dieses Problem selber auf, weil Sie das aufgrund eigener Erfahrung sehr gut kennen und Sie viel Erfahrung damit haben. Sie sagen ihr im Detail, wie, was, wann, womit Sie das selber lösen werden. Sie bitten sie darum, Ihnen nach Erledigen des Problems einen genauen Bericht zu erstatten.	a	□
Sie nehmen das Problem selber auf, weil Sie es aus Erfahrung sehr gut kennen und Sie viel Erfahrung damit haben. Sie suchen die Betroffene von Ihrer Vorgehensweise zu überzeugen, indem Sie auf ihre Fragen kurz eingehen und ihr Hintergründe Ihrer Lösung erläutern.	b	□
Sie hören interessiert zu, fragen und bestärken sie in ihrem Vorgehen.	c	□
Sie hören interessiert zu, überlassen es aber der Betreffenden, diese Aufgabe selber zu lösen.	d	□

2.1 Situation

Die Leistung eines Mitarbeiters ist in den letzten Monaten immer weiter abgesunken. Früher reichte es, einfach die Ziele, Vorgehensweisen, Funktionen und Termine klar zu definieren. Der Mitarbeiter bemüht sich überhaupt nicht. Ständig ist es notwendig, ihn auf die Leistung hinzuweisen.

Sie werden in einer Information klar die nächsten Schritte aufzeigen und Sanktionen androhen. a ☐

Sie stellen in einer Besprechung die Situation dar. Sie lassen zwar Fragen zu, aber achten streng darauf, daß Sie selber das weitere Vorgehen bestimmen. b ☐

Sie setzen einen Workshop zum Thema mit anderen an und sind einfach als Berater dabei. c ☐

Sie überlassen es dem Mitarbeiter, seinen Weg wieder zu finden. d ☐

2.2 Situation

Sie übernehmen eine neue Arbeitsgruppe, die sehr straff, fast militärisch geführt wurde. Die Mitarbeiter wirken zuversichtlich auf Sie, scheinen ihre Materie aber nicht zu beherrschen.

Sie führen den alten straffen Stil weiter. Vor allem achten Sie darauf, den stündlichen Kontrollgang pünktlich durchzuführen und Ihre Entscheidung durchzusetzen. a ☐

Sie lockern den Führungsstil, indem Sie Mitarbeiter Ihre eigenen Vorgehensweise, Methoden, Entscheidungen erklären und vor allem Gelegenheit geben zu fragen. b ☐

Sie ändern den Führungsstil abrupt: Sie teilen mit, daß Sie keinerlei Kontrolle mehr durchführen werden. Sie bieten sich jedoch als Berater an.	c	□
Sie teilen kurz mit, daß jeder seine Verantwortung selber wahrnehmen müsse.	d	□

2.3 Situation

Sie wollen neue Arbeitsabläufe einführen. Die Teammitglieder sprachen von sich aus diese Notwendigkeiten bereits an und machten schon Vorschläge. Es herrscht jedoch auch Verunsicherung.		
Sie lassen in der nächsten Besprechung nicht lange diskutieren, sondern stellen Ihre Vorschläge und die neue Struktur dar. Sie weisen auf die sofortige Umsetzung hin.	a	□
Sie stellen in der nächsten Besprechung Ihre Vorschläge und die neue Struktur kurz dar. Auf Fragen gehen Sie kurz ein und erläutern die Hintergrunde.	b	□
Sie führen einen Workshop zum Thema durch. Sie holen sich einen externen Moderator und arbeiten wie die anderen Mitglieder mit.	c	□
Sie überlassen es der Gruppe einen verbindlichen Vorschlag auszuarbeiten, der dann eingeführt werden soll.	d	□

2.4 Situation

Das gleiche Team führte die neuen Strukturen selbständig ein.		
Sie leiten gewisse Schritte ein, damit die Strukturen so werden, wie Sie das wünschen.	a	□

Sie diskutieren mit allen, um die Gruppe zu weiteren Änderungen zu bewegen.	b	☐
Sie lassen die Diskussionen laufen und kommen ab und zu mit eigenen Vorschlägen.	c	☐
Sie lassen das Team vorläufig in Ruhe.	d	☐

3.1 Situation

Ein Mitarbeiter soll die Ergebnisse der Projektgruppe der Projektleitung präsentieren, weil Sie selber in den Ferien sein werden. Er hat so etwas noch nie gemacht und zeigt sich unsicher.		
Sie gehen mit dem Mitarbeiter den ganzen Vortrag Schritt für Schritt durch.	a	☐
Sie gehen mit dem Mitarbeiter den ganzen Vortrag Schritt für Schritt durch. Sie erläutern das normale Vorgehen bei solchen Präsentationen und lassen viele Fragen zu.	b	☐
Sie überlassen es ihm, den Vortrag vorzubereiten und stehen dem Mitarbeiter bei Unsicherheiten zur Verfügung.	c	☐
Sie lassen den Mitarbeiter in Ruhe, erkundigen sich aber nach ca. 2 Tagen, wie es ihm so geht.	d	☐

3.2 Situation

Eine neue Vorgesetzte wurde in ein neues Team hineinbefördert. Sie kennt diese Aufgabe nicht, ist aber zuversichtlich.		
Sie strukturieren für die neue Vorgesetzte die Aufgabe durch und leiten sie sehr streng bei den ersten neuen Handlungen an.	a	☐

Sie strukturieren mit ihr zusammen die Aufgabe durch und erläutern ihr, wie und warum sie die ersten neuen Handlungen zu tun habe.	b	□
Sie bieten ihr an, sie bei der Aufgabe zu unterstützen. Sie lassen es dabei aber bewenden.	c	□
Sie überlassen es ihr, wie sie ihre Aufgabe löst.	d	□

3.3 Situation

Obwohl ein erfahrener Mitarbeiter seine Aufgabe sonst ohne große Diskussionen selbständig löst, zeigt er plötzlich große Unsicherheit.		
Sie vereinbaren mit ihm ein Gespräch. Dort teilen Sie ihm Ihre Entscheidungen mit. Sie kontrollieren ihn öfters.	a	□
Sie vereinbaren mit ihm ein Gespräch. Dort teilen Sie ihm Ihre Entscheidungen mit und versuchen, ihn zu überzeugen, daß das alles doch mit seiner Erfahrung kein Problem ist.	b	□
Sie vereinbaren mit ihm ein Gespräch. Dort teilen Sie ihm Ihre Beobachtung mit und fragen ihn, was los ist. Dann hören Sie erst einmal zu.	c	□
Sie lassen diesen Mitarbeiter in Ruhe. Das kommt wieder.	d	□

3.4 Situation

Ein Mitarbeiter zeigt ausdauernde Leistung. Er ist allseits beliebt.		
Sie ordnen diesem Mitarbeiter an, daß er Ihre besseren Methoden einzusetzen soll, damit er endlich einmal einen breiteren Hintergrund erhält. Sie kontrollieren streng.	a	□

Sie versuchen diesen Mitarbeiter zu überzeugen, doch einmal andere Methoden einzusetzen. Auf seine Bedenken gehen Sie zwar kurz ein, verfolgen aber Ihr Ziel mit großer Beständigkeit.	b	☐
Sie bieten ihm an, ihn bei evtl. Schwierigkeiten zu unterstützen.	c	☐
Sie gehen zwar ab und zu vorbei, lassen ihn aber sonst in Ruhe. Sie wechseln höchstens einige private Worte.	d	☐

Teil B – Ihre Führungsstile

Damit Sie Ihre Führungsstile feststellen können, übertragen Sie bitte Ihre Antworten in das untenstehende Raster.

Situation	a	b	c	d
1.1	o	o	o	o
1.2	o	o	o	o
1.3	o	o	o	o
1.4	o	o	o	o
2.1	o	o	o	o
2.2	o	o	o	o
2.3	o	o	o	o
2.4	o	o	o	o
3.1	o	o	o	o
3.2	o	o	o	o
3.3	o	o	o	o
3.4	o	o	o	o
Anzahl	___	___	___	___
	F1	F2	F3	F4

Die Anzahl der F1, F2, F3, F4 gibt an, welche Führungsstile Sie besonders oft einsetzen. Dabei ist nur eine Aussage darüber zu treffen, daß Sie diese(n) Führungsstil(e) bevorzugen. Den Führungsstil mit den meisten Nennungen dürften Sie als den primären wählen. Die anderen Führungsstile sind nach Erfahrungswerten diejenigen, die Sie unter Belastung einsetzen.

Wiederum muß diese Aussage besonders gewichtet werden: Ob Sie diese aktiven Führungsstile jetzt situationsangepaßt einsetzen, ist noch nicht gesagt. Wir können hier nur feststellen, daß Sie selber Ihrem Eindruck nach über die obigen Führungsstile verfügen. Die Aussage ist deshalb nur auf Ihr Selbstbild, und damit verbunden, auf Ihre eigene Einstellung beschränkt.

Teil C – Ihre aktive Anpassungsfähigkeit an die verschiedenen Situationen

Kreuzen Sie bitte im untenstehenden Schaubild diejenigen Punkte an, die Ihre Wahl der Verhaltensweisen für die jeweiligen Situationen bestimmen.

Sie haben beispielsweise in der Situation 1.1 (a) angekreuzt: Suchen Sie bitte in der untenstehenden Matrix in der Reihe 1.1 das (a); kreuzen Sie in der Spalte unter dem (a) die entsprechende Zahl 4 an.

Sie haben beispielsweise in der Situation 1.2 (d) angekreuzt: Suchen Sie bitte in der untenstehenden Matrix in der Reihe 1.2 das (d); kreuzen Sie in der Spalte unter dem (d) die entsprechende Zahl 1 an.

Am Ende haben Sie eine Reihe von Zahlen, die sie bitte zusammenzählen.

Situation	a	b	c	d
1.1	4	3	2	1
1.2	3	4	2	1
1.3	1	2	4	3
1.4	1	2	3	4
2.1	4	3	2	1
2.2	3	4	2	1
2.3	1	2	4	3
2.4	1	2	3	4
3.1	4	3	2	1
3.2	3	4	2	1
3.3	1	2	4	3
3.4	1	2	3	4

Total: ______________________

Ihre eigene Führungseffektivität bestimmt sich durch Ihre richtige Diagnose der Selbständigkeit Ihres Mitarbeiters und durch das dieser Situation angepaßte aktive Führen.

Sie haben eine 4 in einer bestimmten Situation erhalten: Sie diagnostizierten Ihren Mitarbeiter korrekt und führten ihn optimal.

Sie haben eine 1 in einer bestimmten Situation erhalten: Sie haben entweder Ihren Mitarbeiter falsch diagnostiziert und/oder führten ihn nicht der Situation entsprechend.

Die Punktespanne hier reicht von 12 bis 48.

42–48 Sie zeigen sich als eine Führungsperson mit einer sehr hohen Anpassungsfähigkeit. Sie finden genau das Können und die Bereitschaft Ihrer Mitarbeiter heraus und stellen sich entsprechend darauf ein.

36–41 Dieser Bereich weist auf eine gutes Maß an Anpassungsfähigkeit hin. Die Ergebnisse in dieser Höhe geben das Bild eines Vorgesetzten wieder, der sehr häufig in seinem(n) primären Führungsstil(en) agiert und wenig Flexibilität in den anderen Führungsstilen zeigt.

12–35 Sie bedürfen einer größeren Weiterentwicklung im Bereich der Mitarbeiterdiagnose sowie der Anwendung der aktiven Führungsstile. Suchen Sie sich einen Trainer Ihres Vertrauens, bei dem Sie ein Training machen. Lesen Sie nach Ende des Buches nochmals die Abschnitte „Grundmodell" durch. Führen Sie auch möglichst viele vorbereitete Gespräche mit Mitarbeitern. Das gibt Ihnen Sicherheit.

Anhang 2: Selbständigkeit einschätzen

Situation 1

Dieser Mitarbeiter kann die Aufgabe zwar noch nicht – er war offensichtlich noch nie einer solchen gegenübergestellt. Gleichzeitig signalisiert er seine Unsicherheit: S1.

Situation 2

Dieser Mitarbeiter kennt und kann die neue Funktion nicht. Außerdem wird die Zwangsversetzung seinen Unwillen herausfordern. Zusätzlich muß er auch noch Angst haben (Unsicherheit), daß er gekündigt wird, wenn er nicht spurt: S1

Situation 3

Mitarbeiter mit wenig Erfahrung in der EDV kennen und können das System ebenfalls nicht. Diese Mitarbeiter werden eher unsicher und unwillig an das neue System gehen: S1.

Situation 4

Wenn sich nichts groß ändert, werden die ohnehin sicheren Mitarbeiter von H. Taylor sich nicht in ihrer Selbständigkeit ändern: S4.

Bei schwächeren Mitarbeitern, die sonst Anwendungsprobleme mit der Technologie haben, wird die Veränderung Verunsicherung auslösen: S1.

Situation 5

Diese Projektleiter wissen offensichtlich, über was sie reden. Sie kennen ihr Metier – ein Projektstart ist eine bekannte Aufgabe. Sie sind jedoch unwillig und frustriert über die subjektiv drohende Zeitverschwendung: S3.

Situation 6

Die Außendienst-Mitarbeiterin ist sicher und kann die Aufgabe: S4.

Anhang 3: Arbeitsblätter

Arbeitsblatt 1: Zielformulierung für die Besprechung mit H. Hans

Zielformulierung der Besprechung am:

Teilnehmer: H. Hans, T. / 23. 11. / bei mir im Büro

1. Was ist mein Hauptziel bei der Besprechung?
   - H. Hans weiß, wie er die Morgenbesprechung durchführt und es ist gesichert, daß er sie auch macht.
2. Welche Punkte könnten/müssen zur Sprache kommen?
   - Alle Informationen zum Durchführen der Morgenbesprechung
3. Welche Entscheidungen könnten/müssen getroffen werden?
   - Keine. Ich will, daß er sie macht!
4. Was muß ich erreichen (Muß-Ziel)?
   - H. muß wissen, wie, wann und wie lange, wo, mit wem, mit welchen Hilfsmitteln er sie macht; welche Unterlagen vorbereitet, bearbeitet und schließlich an mich zurückkommen müssen.
   - Klarheit und nur soviel Gespräch wie nötig. H. muß wissen, daß ein Ausweichen nicht in Frage kommt, und ich werde eingreifen, wenn es nötig ist.
   - Daß er die Aufgabe anpackt, obwohl er sie noch nicht kann und er es mir auch sagt: Die klare Anweisung ist angekommen!
5. Was möchte ich erreichen (Wunschziel)?
   - H. sieht die Notwendigkeit ein und ist sicherer.

6. Was muß ich vermeiden?
   - Daß H. wieder mit alten Kamellen und viel Plaudereien anfängt.
   - Daß ich ihn wieder persönlich angreife und er dadurch völlig verunsichert wird.
   - Daß ich wieder laut werde.
   - Daß die Mitarbeiter etwas mitbekommen.

7. Was möchte ich vermeiden?
   - Ein langes Gespräch.

8. Was muß mein Gesprächspartner erreichen?
   - Klarheit.
   - Wenn er sicherer ist: viel Infos.

9. Was möchte mein Gesprächspartner erreichen?
   - Vielleicht den Besprechungen ausweichen und daß ich sie selber machen muß.

10. Was muß mein Gesprächspartner vermeiden?
    - Persönlich als Dummer dastehen.

11. Was möchte mein Gesprächspartner vermeiden?
    - ?

12. Konflikte sind egal. Er muß es einfach machen, weil Not am Mann ist.

Arbeitsblatt 2: Zielformulierung für die zweite Besprechung mit H. Hans

Zielformulierung der Besprechung am:

Teilnehmer: H. Hans, T. / 23. 11. / bei ihm im Büro

1. Was ist mein Hauptziel bei der Besprechung?
   - H. Hans weiß, wie er die Morgenbesprechung durchführt, und es ist gesichert, daß er sie auch macht.
   - Ich bin überzeugt, daß er die Aufgabe bereitwillig erledigt.
2. Welche Punkte könnten/müssen zur Sprache kommen?
   - Alle Informationen zum Durchführen der Morgenbesprechung
3. Welche Entscheidungen könnten/müssen getroffen werden?
   - Keine
4. Was muß ich erreichen (Muß-Ziel)?
   - H. muß wissen, wie, wann und wie lange, wo, mit wem, mit welchen Hilfsmitteln er sie macht; welche Unterlagen vorbereitet, bearbeitet und schließlich an mich zurückkommen müssen.
   - Ihn ausreden lassen und nicht überschütten.
   - Schrittweise die Infos präsentieren.
   - Klarheit und Überzeugung: Er muß endlich die Gründe klar einsehen.
   - Seine Fragen und Bedenken zur Aufgabe sind geklärt.
   - Er macht Morgenbesprechung mit meinen Informationen.

5. Was möchte ich erreichen (Wunschziel)?
   - H. sieht die Notwendigkeit ein und ist selbstsicherer.
   - Er gewinnt Spaß an dieser Aufgabe, auch wenn ihm nicht alles klar ist.
6. Was muß ich vermeiden?
   - Daß H. wieder verunsichert wird, weil die Info unklar oder unstrukturiert ist.
   - Daß ich ihn wieder persönlich angehe und laut werde.
7. Was möchte ich vermeiden?
   - Weich auf Ablenkung reagieren.
   - Lange Reden und Diskussion um seine Ideen führen.
   - Ihn zu stark ermuntern, bevor er die Aufgabe machte.
8. Was muß mein Gesprächspartner erreichen?
   - Klarheit.
   - Viele Infos.
   - Eigene Ideen einbringen.
   - Eindruck vom letzten Mal ausbessern.
9. Was möchte mein Gesprächspartner erreichen?
   - Seine Ideen durchbringen, evtl. wie die Besprechung jetzt laufen soll.
10. Was muß mein Gesprächspartner vermeiden?
    - Dumm oder als Nichtskönner dastehen.
11. Was möchte mein Gesprächspartner vermeiden?
    - ?

12. Konflikte sind im Ideenbereich möglich. Er kommt jetzt mit mehr Anspruch. Da gilt es, einfach mal auf die Aufgabe hinzuweisen und an Bekanntem festzuhalten. Seine Ideen können ja später umgesetzt werden.

Arbeitsblatt 3: Zielformulierung für die dritte Besprechung mit H. Hans

Zielformulierung der Besprechung am:

Teilnehmer: H. Hans, T. / 23. 11. / bei ihm im Büro

1. Was ist mein Hauptziel bei der Besprechung?
   - H. Hans weiß, daß er bei Problemen mit mir rechnen kann.
   - Ich bin sicher, daß seine Unsicherheiten geklärt sind.
2. Welche Punkte könnten/müssen zur Sprache kommen?
   - Wenig ergänzende Informationen zur Morgenbesprechung
   - Anerkennung und Anregungen für das bisher Geleistete aussprechen.
3. Welche Entscheidungen könnten/müssen getroffen werden?
   - Keine.
4. Was muß ich erreichen (Muß-Ziel)?
   - H. muß nur wissen, daß er sie auf jeden Fall macht.
   - Wissen, was an Problemen noch da ist: Seine Bedenken zur Aufgabe sind ausgeräumt.
   - Will seine Anregungen und Ideen wissen: Was ist zu verbessern?

5. Was möchte ich erreichen (Wunschziel)?
   - H. hat Spaß daran, und wir können die nächste Führungsaufgabe in Angriff nehmen.
6. Was muß ich vermeiden?
   - Daß H. wieder verunsichert wird, weil ich zuviel rede.
7. Was möchte ich vermeiden?
   - Seine Ideen abblocken.
   - Keine langen Reden und Diskussion von mir, aber auch nicht von ihm.
8. Was muß mein Gesprächspartner erreichen?
   - Unsicherheit klären.
   - Rückhalt bei schwierigen Gesprächspartnern und Entscheiden in der Gruppe.
   - Eigene Ideen einbringen.
9. Was möchte mein Gesprächspartner erreichen?
   - Meine Fehler vom letzten Mal diskutieren.
10. Was muß/möchte mein Gesprächspartner vermeiden?
    - ?
11. Konflikte sind keine da.

Anhang 4: Verhaltensweisen

Im folgenden sind eine ganze Reihe von Verhaltensweisen aufgelistet, die vier Kompetenzbereichen zugeteilt sind. Die Bereiche sind: Persönlichkeit, soziales Verhalten und Führungsverhalten, fach- und funktionale Kompetenz, unternehmerische und strategische Kompetenz.

1. Verhaltensweisen, welche die Persönlichkeit kennzeichnen

Flexibilität und Initiative

- stellt sich schnell auf veränderte und neue Sachlagen ein; richtet die Arbeitsführung auf die neue Situation aus;
- reagiert schnell bei akuten Problemen und behält dabei Übersicht;
- erkennt Aufgaben aus eigenem Antrieb und greift sie auf, ohne den Weg genau vorgezeichnet zu bekommen;

Auftreten

- frei und offen sprechen;
- klar und kurz schreiben;
- sicher im Auftreten;
- überzeugt das Publikum oder eine Diskussionsrunde;
- läßt Partner aussprechen;
- hört interessiert zu;
- respektiert die Meinung des anderen in Diskussionen.

2. Soziales Verhalten und Führungsverhalten

Zusammenarbeit

- arbeitet mit Kollegen und Vorgesetzten zusammen;
- macht bei gemeinsam zu leistenden Aufgaben mit;
- erkennt sachdienliche Informationen unter Ausnutzung aller Kommunikationswege;
- leitet Informationen exakt und schnell weiter;
- geht diskret mit vertraulichen Dingen um;
- merkt sich wichtige Gedanken in Gesprächen und knüpft nachher daran an;

Zielorientiertes Arbeiten und Überzeugungskraft

- bildet sich eine eigene Meinung aufgrund von Fachkompetenz; stellt diese verständlich dar;
- überzeugt auch gegen Widerstände durch Argumente sowie durch Sprache und Auftreten;
- bewegt etwas;

Führungsverhalten (nur bei Führungsaufgaben)

- trifft Entscheidungen, die das Aufgabenziel erreichen;
- kann und will unfähige Mitarbeiter straff führen;
- vertritt Unternehmensentscheidungen bei seinen Mitarbeitern;
- steht bei Problemen Mitarbeitern offen zur Verfügung;
- berät Mitarbeiter bei Unsicherheit;
- hört gut zu;
- gibt auch eigene Lieblingsaufgaben an andere ab;

Mitarbeiterentwicklung

- erkennt Leistungspotentiale der Mitarbeiter;
- fördert Mitarbeiter in ihrem Potential;
- nutzt das Potential seiner Mitarbeiter voll aus;
- Stellt Mitarbeiter für Projekte zur Verfügung, gibt Mitarbeiter zum Nutzen des Unternehmens ab.

3. Fach- und funktionale Kompetenz

Arbeitsqualität

- führt möglichst fehlerfrei eigene Arbeiten aus;
- setzt theoretische und praktische Kenntnisse ein;
- braucht kaum kontrolliert zu werden;

Arbeitsquantität

- erledigt Arbeit in vorgegebener Zeit;
- zeigt Ausdauer und Stetigkeit bei der Arbeit.

4. Unternehmerische und strategische Kompetenz

Urteilsvermögen und Kontrolle

- erkennt Ziele und Notwendigkeiten;
- setzt Prioritäten;
- wählt neue Lösungswege nach ihrer Wirksamkeit und setzt sie ein;
- kontrolliert eigene Arbeitsergebnisse;

Kostenbewußtes Handeln

- erreicht vorgegebene Ziele mit möglichst geringem Zeitaufwand;
- erkennt Verlustquellen und behebt sie;
- geht rationell mit Ressourcen um.

Anhang 5: Antworten zur Aufgabe „Anerkennung aussprechen"

(Vgl. dazu S. 115)

Wir geben die richtigen Antworten für diese Aufgaben an. Die Erfahrung zeigt bei dieser Aufgabe immer wieder sehr große Fragen. Insbesondere herrscht die Tendenz vor, daß nur eine Antwort gilt. Selbstverständlich können mit dem aktiven situativen Ansatz mehrere Antworten zutreffen, und zwar in Abhängigkeit von der Selbständigkeit.

	S1	S2	S3	S4	nie
„Sie leisten viel mehr als meine anderen Mitarbeiter!" Kommentar: In speziellen Führungssituationen wie z.B. im absolut erfolgsorientierten Außendienst oder wenn das Team eine hohe soziale Kompetenz hat und diese Anerkennung nicht als Diskriminierung empfindet, mag eine solche Beurteilung ausnahmsweise angebracht sein.				?	✔
Muß jede gute Leistung gelobt werden? Kommentar: Die Anerkennung dient einzig und allein der Aufmunterung. Zuviel Anerkennung bei selbstständigen Mitarbeitern wirkt unglaubwürdig.	✔	✔	?	nein	
„Sie sind ein ausgezeichneter Mitarbeiter?" Kommentar: Hier gilt dasselbe wie in der ersten Frage.				?	✔
Anerkennung liegt bereits vor, wenn der Mitarbeiter zu einem Problem sowohl seine eigene Meinung wie auch seine Vorschläge äußern darf. Kommentar: Wenn der Mitarbeiter Bereitschaft zur Mitarbeit zeigt, dann wirkt die Annahme der Meinung als Anerkennung.	nein	✔	ja	nein	
Ein schwacher Mitarbeiter wird für durchschnittliche Leistung gelobt, andere erhalten für die gleiche Leistung keine Anerkennung.	✔	✔	?	nein	

	S1	S2	S3	S4	nie
Es wirkt auf Mitarbeiter anspornend, wenn in einer Gruppe einzelne herausragend gelobt werden. Kommentar: Hier gilt dasselbe wie in der ersten Frage.				?	✔
Die Arbeitsgruppe und nicht nur der einzelne sind zu loben. Kommentar: Wenn die Arbeit nicht auf einzelne zurückzuführen ist, werden die Mitarbeiter es akzeptieren. Wenn es allerdings „ein faules Ei" darunter hat, wird die gießkannenartige Anerkennung schon problematisch.				?	✔
Es ist wirksamer, wenn ein Mitarbeiter durch eine Drittperson Anerkennung erhält. Kommentar: Stellen Sie sich die Situation einfach auf Ihre Person bezogen vor. Würden Sie das für gut finden? Bestimmt nicht, es sei denn, der Anerkennende ist über der Hierachiestufe des eigenen Vorgesetzten.					✔

Literaturverzeichnis

Bischof, K.: Jeder gewinnt – Die Methoden erfolgreicher Gesprächsführung, 2. Aufl., Planegg/München 1994.

Baier, J. und Bischof, K.: Kursbuch Eltern: Elternratgeber Schule, München 1994.

Bischof, K.: Personalentwicklung als Führungsaufgabe, in: Außendienst Band 1, ORGA-Handbuch, Gruppe 5/3, Seite 1–6, Planegg/München 1994.

Bischof, K.: Bewerbermappe, in: Außendienst Band 1, ORGA-Handbuch, Gruppe 5/2, Seite 7–30, Planegg/München 1994.

Bischof, K.: Bewertung einer Arbeitsstelle, in: Außendienst Band 2, ORGA-Handbuch, Gruppe 5/2, Seite 7–30, Planegg/München 1994.

Gordon, T.: Managerkonferenz, München 1989.

Hersey, P.: Situatives Führen, Landsberg/Lech, 1986.

Hersey, P. und Blanchard, K. H.: Management of Organizational Behavior. 3rd edition. Eaglewood Cliffs, Nj.J. 1977.

Seiwert, L. J.: Mehr Zeit für das Wesentliche, Landsberg/Lech 1984.

Hinweis des Autors

Die geistigen Wurzeln dieses Werkes liegen zum einen bei Paul Hersey und dessen Konzept „Situatives Führen“, zum anderen bei Thomas Gordons „Jeder-gewinnt-Philosophie“.

Über mehrere Jahre trainierte der Autor Führungskräfte quer durch alle Hierarchiestufen und Branchen auf der Basis des Konzeptes „Situatives Führen“, wobei sich auch die Schwäche des Systems, nämlich das Fehlen des kommunikativen Aspektes, nachhaltig bemerkbar machte. Dieser Aspekt wird wiederum von Thomas Gordon sehr stark betont, der in seinen Werken und Trainingsansätzen die Möglichkeit persönlicher Kommunikation eindeutig aufzeigt.

„Aktiv führen“ verknüpft beide Ansätze zu einem eigenen neuen Führungsstil.

Stichwortverzeichnis